教養としての認知言語学入門

安原和也
著

三修社

はしがき

　本書では、認知言語学という新しい物の見方が世の中には存在するということを、一般読者の方を対象として、語りかけるような口語文体で、平易に分かりやすく、そしてコンパクトに解説してみたいと思います。日本語で読むことのできる認知言語学の入門書は、これまでにもそれなりに出版されてきていますが、そのほとんどが専門家を対象としたもので、大学の教科書として使用するなどの特殊な目的で作られたものですので、一般読者の方にはややハードルが高いと感じる部分もあったかもしれません。本書では、このような現状に着目して、認知言語学という新しい物の見方にはじめて触れることになるという大前提で、高校生や大学生はもちろんのこと、社会人の方も含めた一般読者の方に、認知言語学の本質（または認知言語学の魅力）といったものを正確に理解してもらえるように、身近にあふれている日本語の興味深い具体的な言語事例を中心に取り上げながら、認知言語学の基本的な考え方について紹介してみたいと思います。

本書では、言語学というよりは、ことば（または日本語）そのものに何かしらの興味・関心があれば、自然な形でスムーズに読み進められるような議論の展開を心がけましたので、あまり難しいこと（あるいは専門性が高いこと）には触れていませんが、その一方で、言語に反映される認知プロセスの本質を極限レベルまで噛み砕いて記述しましたので、短い原稿ながらも、それなりに読みごたえのある本になったように思います。その意味では、言語学やその近隣諸分野を専攻または専門とする学生さんや研究者の方にとっても、従来の認知言語学の入門書とは一味も二味も違った、何らかの新鮮さや充実感を楽しんでもらえるような本になっているものと思います。

　多くの読者の方から、「認知言語学の入門にはまずはこの本から」と言ってもらえるような本に仕上がっていてくれればと切に願うばかりですが、そこは最終的には、読者の方からの厳正な審判を待たなければならないところのように思います。一度味わうとその魅力にはまってしまうかもしれない、新鮮味あふれる認知言語学の世界を、それでは心ゆくまでご堪能ください！！

2017年1月　名古屋にて

著　　者

目　次

はしがき ……………………………………………………………… 3

はじめに ……………………………………………………………… 9

第1章　プロファイリングの世界

プロファイリングとは何か？ …………………………………… 13
プロファイリングの言語的一般化 ……………………………… 17
「仕切り線」と「徳俵」の意味 ………………………………… 20
大相撲の階級とその意味 ………………………………………… 23
「今日」「昨日」「明日」の意味 ………………………………… 29
前景化と背景化 …………………………………………………… 36
「人を殺すのは人であって、銃ではない」……………………… 39
プロファイル・シフティング …………………………………… 42
言語現象の中のプロファイル・シフティング ………………… 45
　プロファイル・シフティングの間接的言語化 ……………… 48
メトニミー ─近接性の認知プロセス─ ………………………… 50
ズーム・インとズーム・アウト ………………………………… 58

ズーム・インの言語現象 60
　　ズーム・アウトの言語現象 64

第2章　メタファーの世界

　　メタファーとは何か？ 69
　　直喩と隠喩 72
　　直喩と隠喩のさらなる例 75
　　擬人化と擬物化 79
　　擬人化と擬物化のさらなる例 83
　　プロファイリングをたとえる 85

第3章　ブレンディングの世界

　　ブレンディングとは何か？ 91
　　比較文脈とブレンディング 94
　　時制解釈とブレンディング 101
　　ユーモア解釈とブレンディング 108
　　「ふたりで竜馬をやろうじゃないか」 115

おわりに 121

参考文献 127
索引 131

ことばの認知プロセス

― 教養としての認知言語学入門 ―

はじめに

　本書『ことばの認知プロセス―教養としての認知言語学入門―』は、一般読者をその対象として書かれた、認知言語学の入門書です。
　言語学と聞けば、一般にはかなり小難しいイメージを想起されて、何かしらの抵抗感をおぼえるという方も多いかもしれません。また、言語学の前に「認知」ということばが付加されていることにより、なおのこと、さらに一層難しいイメージを抱いてしまう方もいるかもしれません。確かに、このような言語学のイメージは、伝統的な言語学においては、間違いなく存在してきたといっても過言ではないでしょう。
　しかしながら、本書で入門的な記述を提示していく、近年目覚ましい発展を遂げてきた**認知言語学**（cognitive linguistics）と呼ばれる新しい言語学分野においては、このようなイメージからは大きくかけ離れていると言うことができると思います。読んで頂ければすぐに分かってくると思いますが、このように言えるのは、まさに認知言語学の基本的

な考え方に集約されてくると思われます。つまり、言語現象の記述や説明を行っていくのに、私たちが日常生活を営んでいくうえで無意識の内に普段活用している**認知プロセス**（cognitive process）に着目して、その認知プロセスの観点から、言語現象の記述や説明を行っていこうとするからにほかなりません。一般に、このような考え方を採用することは、言語現象の実際的な姿形を直感的に分かりやすいものにしていくことができると同時に、小難しいイメージで塗り固められた言語学分野への抵抗感を払拭することにもつながっているように思われます。

　本書では、このような認知言語学の研究の方向性を中核に据えながら、認知言語学の研究領域において提示されてきた多種多様な認知プロセスの中から、特に重要性の高いと考えられる、**プロファイリング**（profiling）／**メタファー**（metaphor）／**ブレンディング**（blending）と呼ばれる３つの認知プロセスについて、その基本的な考え方を紹介していきたいと思います。

　本書の流れをあらかじめ提示しておくと、まず、第１章「プロファイリングの世界」では、視線対象に注目を浴びせて、その注目度合いを高めていく認知プロセスとして一般に定義される、プロファイリングが関与する多種多様な言語現象について、紹介していきたいと思います。次に、第２章「メタファーの世界」では、類似性認識に基づいて、何かを別の何かでたとえるという構造化で成立してくる、メタファーが関与する言語現象について、紹介していきたいと思います。そして最後に、第３章「ブレンディングの世界」では、複数のものを部分的に混ぜ合わせていくことで、今までにない新規

の構造や効果を生み出していく、ブレンディングの認知プロセスが関与する言語現象について、紹介していきたいと思います。

第1章
プロファイリングの世界

プロファイリングとは何か？

　プロファイリングということばを聞いて、それが具体的にどのような認知プロセスのことを意味しているのかを頭の中で簡単に想起できるという一般の方は、きわめて少ないのではないかと想像します。このことばそれ自体が、認知言語学の専門用語であり、それゆえに、一般の人には容易には理解できないような難解な概念なのではないかと思いをめぐらす方も、おそらく多いことでしょう。しかしながら、プロファイリングと称される専門用語は、意外にも、一般の方にとってもかなり身近な概念であり、それが具体的に意味している認知プロセスも、意外と簡単に理解していくことができます。

　例えば、東京両国の両国国技館において、土俵から真正面の座席にすわって、相撲観戦をしていると、ここで仮定してみましょう。その場合、相撲を観戦している人は、土俵で行われる

数々の取組を、その座席から観察しているという構造が、一般に構築されていると考えられます。しかしながら、その相撲観戦者は、この構造をずっとキープすることで、土俵上で行われる取組の全体像のみをずっと観察していると、はたして言えるでしょうか。残念ながら、どんな相撲観戦者であっても、土俵上で行われる取組の全体像のみを定点カメラのようにずっと観察しているという人は、ほとんどいないに等しいのではないでしょうか。つまり、もしもその相撲観戦者が「稀勢の里」の大ファンであったとすれば、土俵に上がっている「稀勢の里」に最大の注目を浴びせて、その所作等も含めてその取組全体において、土俵上の「稀勢の里」に視線を送り続けるのではないでしょうか。あるいは、あまりあっては良いことではありませんが、土俵上には行司もいるわけですので、もしもその行司が取組中に軍配を土俵に落としてしまうような不祥事があったとすれば、その相撲観戦者は、おそらくですが、間違いなく、その行司に視線を送ることになってしまうでしょう。このように、相撲観戦者は、土俵から真正面の座席から、土俵を観察しているという構図をキープしながらも、その注意（つまりは視線）をみずからの興味や関心に合わせて、土俵上のいろいろなところへ動かしているという状況が、実際には見えてくることになります。

　一般に、認知言語学の研究領域では、このように、視線を送ることでその視線対象に注目を浴びせて、その注目度合いを高めていく認知プロセスのことを、特に**プロファイリング**（profiling）と呼んでいます（cf. Langacker 1987, 1990, 1991, 2000, 2008, 2009）。プロファイリングの認知プロセスには、［図１－１］に示されるような基本構造が、一般には備わっている

と考えられています。

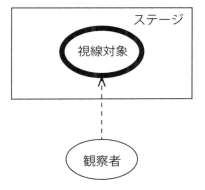

［図1－1］プロファイリングの基本構造―1―

　［図1－1］の見方を説明しておくと、まず、図の最下部に楕円で示された「観察者」が、ボックス（長方形）で示された「ステージ」を観察するという構図が、この図には存在することが理解できます。次に、その構図を前提として、「観察者」が、破線矢印で示された「視線」を送って、そのステージ内において楕円で示された「視線対象」に注目を浴びせていくことになります。そして、その結果として、その「視線対象」の注目度合いは高められることになり、ここでは、その注目度合いの高まりが、太線で表示されてあります。

　［図1－1］では、プロファイリングの基本構造を一般化することで、その表示の構造化がなされているため、やや分かりづらい面もあるかもしれませんが、先程の相撲観戦の例に当てはめて、このプロファイリングの基本構造を考えてみると、よ

り理解しやすいものになるはずです。つまり、「観察者」に対応するのが「相撲観戦者」であり、「ステージ」に対応するのが「土俵」であり、そして「視線対象」に対応するのが「稀勢の里」や「行司」であるというわけです（[図1－2]参照）。

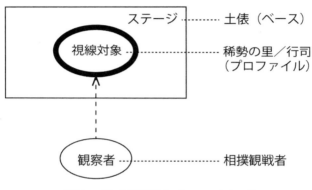

[図1－2] 相撲観戦のプロファイリング

　一般に、このようなプロファイリングの基本構造を念頭において考えたとき、[図1－1]の「ステージ」に対応する部分は**ベース**（base）、これに対して、[図1－1]の「視線対象」に対応する部分は**プロファイル**（profile）と、認知言語学の研究領域では呼ばれています（cf. Langacker 1987, 1990, 1991, 2000, 2008, 2009）。したがって、先程の相撲観戦の例で見ていくならば、「土俵」がベースとなって、その中で「稀勢の里」や「行司」が「プロファイル」されていると、この場合には理解していくことができます（[図1－2]参照）。

　一般に、認知言語学の研究領域では、ことばの意味を記述・

説明する目的で、［図1－1］や［図1－2］に示されたような図式を多用するのですが、このような図式は、その状況下において人間が把握した認知の構造を反映しているものとして考えられるので、一般に**認知図式**（cognitive diagram）と呼ばれています。

本章では、視線対象に注目を浴びせて、その注目度合いを高めていく認知プロセスとして広く知られている、プロファイリングが関与する言語現象について、身近な具体事例を指摘しながら、その様々な姿形について紹介していきたいと思います。

プロファイリングの言語的一般化

［図1－1］や［図1－2］では、相撲観戦の例がそうであるように、観察者（つまり相撲観戦者）が眼前の状況（つまり土俵）を観察しているという意味では、ここでのプロファイリングは、少なくとも知覚プロセスについて述べているというのが、より適切な捉え方のように思います。しかしながら、私たちが言語を使用する際には、必ずしも眼前の状況において観察できる事柄、つまり知覚できる事柄だけを述べているというわけではありません。もちろん、言語使用の起源について深く考えていけば、この種の知覚プロセスが言語使用の根源に存在しているはずであるとも言うことができますが、人間はそのようなレベルをはるかに超えて、想像の中で概念的に言語を用いていることの方が、少なくとも現代社会においては、圧倒的に多いと言えるのではないでしょうか。つまり、眼前にそのような状況がなくても、例えば相撲の取組を頭の中だけで再現して、その状況をことばにすることも可能ですし、また、小説や詩と

いった文学作品に見られるように、空想的な事柄でさえ、人間は自由自在に想像することが可能です。

このような視点を取り込んで考えていった場合、言語現象に関わるプロファイリングと呼ばれる認知プロセスは、ただ単に知覚的なものというよりは、もう少し幅の広い捉え方をしておいた方が、いささか無難であるように思われてきます。一般に、認知言語学の研究領域では、この点を踏まえて、[図１－１]や[図１－２]に示されたような知覚レベルのプロファイリングを、[図１－３]に示されるような形で一般化して、理解していくことになります。

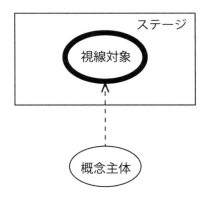

［図１－３］プロファイリングの基本構造―２―

［図１－１］と［図１－３］を見比べたときに、その違いとして認識できてくるのは、［図１－１］における「観察者」が、［図１－３］では「**概念主体**（conceptualizer）」に切り替えられているという点ではないかと思います。ここで、「観察者」が「概

第1章 プロファイリングの世界

念主体」に切り替えられなければならない理由としては、「観察者」の場合には眼前に必ずその状況が必要となってくるのに対して、「概念主体」の場合には眼前にその状況があっても構いませんが、仮にその状況がただ単に頭の中だけでの想像に過ぎないものであったとしても構わないという点で、後者の方が言語現象を把握していく上では、より一般化した捉え方ができると考えられているからです。概念主体というと、その名称から何を言っているのか分かりにくいと思われる方も多いとは思いますが、眼前での認識であれ、想像での認識であれ、その状況下で認識された事柄（つまり概念）を言語化していく主体のことが概念主体であると考えていくと、少しは分かりやすくなるかもしれません。それでも分かりにくいという方には、眼前での認識であれ、想像での認識であれ、その状況について観察を行った上で、その観察について言語化を行っていこうとする人のことが概念主体であり、それは別の言い方をすれば、視線を投げかけていく位置という意味での視点位置に位置づけられる人のことであるとも、理解していくことができます。したがって、先程からの相撲観戦の例で言うならば、眼前での相撲観戦であっても、想像での相撲観戦であっても、いずれの場合でも、その状況下における概念主体としては、「相撲観戦者」がその役割を担っていると言うことができます。

　なお、これまでに提示してきた［図1-1］〜［図1-3］の図式においては、そのすべてにおいて、視点位置に相当する概念主体（または観察者）が表示されていましたが、認知言語学の研究領域では、プロファイリングの認知プロセスにおいては、基本的には概念主体を表示しない形での図式の方が、より

一般的な表示法になっていると言えます。その理由としては、概念主体という存在は、プロファイリングという認知プロセスを行う上ではもちろん認識されなければならない必須要素であるという点は確かなことですが、この点は別の見方をすればあまりにも当然のことであるとも言うことができ、表示の冗長さを避ける意味で、表示されないものと考えられます。本章でも、ここから先の議論においては、概念主体の表示が特に必要とされる場合を除いては、これと同様の理由で、表示の簡素化を図って、概念主体を表示しない認知図式を採用したいと思います。

「仕切り線」と「徳俵」の意味

　先程の相撲観戦の例においては、「土俵」に相当する部分がベースで、「稀勢の里」や「行司」に相当する部分がプロファイルであると述べてきました。一般に、ベースとプロファイルと称される専門用語は、認知言語学の研究領域においては、プロファイリングに関わる認知プロセスを記述する際に広く用いられる、かなり定着した一般的な言い回しであると言えます。

　このようなベースとプロファイルの構造的な関係性、つまり何かをベースとしてその何かの一部を際立たせる（あるいはその何かの一部についてその注目度合いを高める（またはそのフォーカスを強める））といった認知プロセスは、ことばの意味を記述しようとする際にも、きわめて重要な働きを提供してくれていると、認知言語学では考えています。例えば、相撲との関連で別の例を挙げれば、「仕切り線」や「徳俵（とくだわら）」といった相撲用語は、どのような形でその意味を特徴づけていくことができるでしょうか。認知言語学の研究領域においては、

第1章 プロファイリングの世界

このような意味の側面は、ベースとプロファイルと称される構図で一般化された認知プロセスの観点から、きわめて簡単に捉えていくことが可能です。

まず、「仕切り線」の意味について考えてみることにしましょう。「仕切り線」の意味を理解していくためには、何よりもまず、そのベースとして「土俵」のイメージが頭の中に想起されなければならないはずです（[図1－4]参照）。というのも、「土俵」のイメージが想起されない限りは、「仕切り線」の意味、つまり「仕切り線」が何を指しているのかを、正確に捉えていくことはできないと一般に考えられるからです。そして、その「土俵」をベースとして、その中央部に配置された平行な2本の線がプロファイルされることで、「仕切り線」の具体的な意味が抽出されてくることになります（[図1－5]参照）。つまり、土俵をベースとして理解した上で、その土俵上においてプロファイルされた平行な2本の線のことを、相撲の世界では「仕切り線」と呼んでいるのです。

[図1－4]「土俵」のイメージ

ことばの認知プロセス

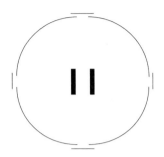

[図１－５]「仕切り線」の意味

　次に、「徳俵（とくだわら）」の意味について考えてみることにしましょう。この場合も、「仕切り線」の例と同様の形で、一般に理解していくことが可能です。つまり、この語の意味を理解していくためにも、まずは、そのベースとして、「土俵」のイメージが頭の中に想起されなければなりません（［図１－４］参照）。そして、その「土俵」のイメージを前提とした上で、その東西南北において、土俵の円に対して外方向に少しずらされる形で配置された４つの俵がプロファイルされることで、「徳俵」の具体的な意味が確定されてくることになります（［図１－６］参照）。つまり、土俵をベースとして理解した上で、その土俵の東西南北の位置でプロファイルされる４つの俵のことを、相撲の世界では「徳俵」と呼んでいるのです。

第1章 プロファイリングの世界

［図1－6］「徳俵」の意味

大相撲の階級とその意味

　ベースとプロファイルという構造的な関係性が、ことばの意味を規定していくのに役立つという点を明らかにするために、相撲の領域から、もう1つ、具体的な例を見ておくことにしましょう。近年は、大相撲人気の復活により、各場所とも大変な盛り上がりを見せていますが、大相撲の世界には、番付（ばんづけ）と呼ばれる階級システムがあるという事実は、大相撲ファンでなくとも、日本で生まれ育った人であるならば、誰しもが知っている大相撲の一大特徴であると言うことができます。大相撲の番付に出てくる、相撲階級を表わす特有のことばをここで整理してみると、まず幕内においては、「横綱」を最高位として、「大関」「関脇」「小結」「前頭」の順で、5つの階級が設定されています（［図1－7］の左側参照）。そして、幕内より下の階級について整理していくと、幕内の下には「十両」と呼ばれる階級を筆頭に、「幕下」「三段目」「序二段」「序ノ口」の

23

順で、こちらも5つの階級でその構造化がなされています（[図1−7]の右側参照）。

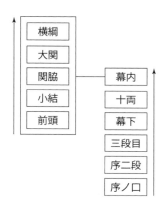

[図1−7] 大相撲の階級

　それでは、今提示してきた「横綱」「大関」「関脇」「小結」「前頭」「十両」「幕下」「三段目」「序二段」「序ノ口」といった、大相撲の階級名称が備えていることばの意味を教えてほしいと誰かに言われたとすると、どのように答えればその意味を正確に伝えることができるでしょうか。ことばの定義（つまりことばの意味）を掲載する国語辞典を調べれば、その答えは簡単に見つかるかもしれません。一例として、ここでは、「横綱」「大関」「関脇」「小結」「前頭」の定義を、『広辞苑第六版』（岩波書店）から下記に引用しておきます。

第 1 章 プロファイリングの世界

(1) 大相撲の相撲階級（幕内）：
　　 横綱「力士の最上の地位」
　　 大関「横綱に次ぐ地位」
　　 関脇「大関の次、小結の上の地位」
　　 小結「三役の最下位」
　　 前頭「小結の次位、十両の上位にある位」

(『広辞苑第六版』（岩波書店）より)

　このような定義を読んで気づくのは、その階級を定義するために、他の階級を参照しながら、その定義を与えているという事実ではないかと思います。例えば、「関脇」の定義は「大関の次、小結の上の地位」と記述されているように、「大関」や「小結」といった他の階級に触れることで、その定義がまとめられている点に、この事実を強く感じることができます。同様のことは、「大関」や「前頭」の定義においても当てはまり、前者では「横綱」に、後者では「小結」と「十両」に触れることで、その定義がまとめられています。

　それでは、「横綱」と「小結」の定義については、このような場合、どのように考えていくとよいでしょうか。どちらの場合も、一見しただけでは他の階級への参照がないように思われるかもしれませんが、それはただ単に直接的に表現されていないだけのことであって、実際には、間接的な表現法でもって、他の階級への参照がなされていると考えていくことができます。まず、「横綱」の場合は、「力士の最上の地位」と定義されていますので、大相撲の番付において最高位を占める地位のことを意味しており、それはつまりは、それよりも下に他の階級

が存在することを暗黙のうちに伝えているとも言うことができます。したがって、「横綱」の定義においても、直接的ではないですが、間接的に他の階級に言及していると、一般には考えていくことができるように思います。他方、「小結」の場合は、「三役の最下位」と定義されていますが、ここに登場してくる「三役」ということばは、相撲に詳しい方ならよくご存知のように、「大関」「関脇」「小結」という３つの階級を一括りにしたことばであるので、それ自体が最初から他の階級に触れていると、ここでは理解していくことができます。したがって、この場合にも、直接的な言及により他の階級に触れるのではなく、間接的な表現法を利用して、他の階級に触れることがなされているということが分かってくるのではないかと思います。つまり、「大関」「関脇」「小結」という３階級を意味する「三役」という表現法を用いることで、「大関」や「関脇」といった他の階級に間接的に触れながら、ここではその定義が提示されていると言えます。

　大相撲の階級に関わる、このような一連の定義を眺めてみると、その定義を与える上で、他の階級を参照するという点において、ベースとプロファイルの構造的な関係性が見え隠れしているように思われます。つまり、大相撲の階級名称が備えていることばの意味を捉えていくためには、そのベースとしてまず大相撲の番付が頭の中に想起されなければならず、その上で、例えば「横綱」の場合は番付の最上位にプロファイルが与えられることで、「横綱」の意味が構成されてくることになります（［図１−８］参照）。そして、「大関」の場合には「横綱」と「関脇」の間に位置づけられる地位が、「関脇」の場合には「大関」と「小

結」の間に位置づけられる地位が、「小結」の場合には「関脇」と「前頭」の間に位置づけられる地位が、そして「前頭」の場合には「小結」と「十両」の間に位置づけられる地位が、プロファイルを与えられることで、その意味が理解できてくるようになります（[図1－9]参照）。

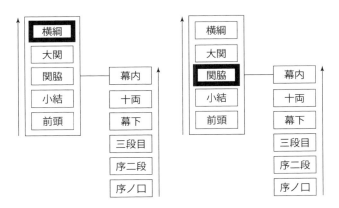

[図1－8]「横綱」の意味　　　[図1－9]「関脇」の意味

ここまでは大相撲の幕内の階級について見てきましたが、大相撲の幕内以下の階級についても、これと同様の形で、その意味を把握していくことができます。つまり、「十両」の場合には「幕内（または前頭）」と「幕下」の間に位置づけられる地位が、「幕下」の場合には「十両」と「三段目」の間に位置づけられる地位が、「三段目」の場合には「幕下」と「序二段」の間に位置づけられる地位が、「序二段」の場合には「三段目」と「序ノ口」の間に位置づけられる地位が、プロファイルを与えられ

ることで、その意味が理解できてくるようになります。そして最後に、「序ノ口」の場合には、大相撲の番付をベースとして、その最下位にプロファイルが与えられることで、その意味が構成されてくることになります。

　以上見てきたように、大相撲の階級名称が備えることばの意味を理解しようとした際には、必ず大相撲の番付に関わる構造配置を念頭におかないと、その正確な意味を捉えていくことはできないということが、以上の考察から理解できてくると思います。つまり、各々の階級が備えていることばの意味というものは、大相撲の番付全体をベースとして、その一部にプロファイルを与えることで構成されてきており、この番付というベースなくしては各々の階級の意味合いは判然としないままになってしまうという点に、ここでは特に注目してほしいと思います。この点は、(1)に示されたように、国語辞典の定義にも明確に反映されていて、その定義のすべてが、このようなベースとプロファイルの関係性に基づいて構成されている点に、再度ここでは注目してもらいたいと思います。したがって、番付の構造配置全体を念頭において、「横綱」という地位について考えてみるとき、その地位がどのくらい権威のある地位であるのかという点は、「序ノ口」から「横綱」に至るまでの階級システム全体をそのベースとして認識するからこそ、「横綱」の権威というものがより一層際立って理解できるようになるのだと思います。

「今日」「昨日」「明日」の意味

　ベースとプロファイルの構造化がことばの意味を規定していくのに有益であるという点を確認する目的で、ここまでは相撲の領域から、「仕切り線」と「徳俵」の意味、そして大相撲の階級とその意味について、簡単に紹介してきました。前者では、土俵を念頭においての意味規定であったので、これは**空間**レベルに適用されるベースとプロファイルの構造化の一例であると言うことができると思います。これに対して、後者は、大相撲の番付を念頭においての意味規定であったので、これは**知識**レベルに適用されるベースとプロファイルの構造化の一例であると理解していくことができます。

　この他にも、このようなベースとプロファイルの構造化は、様々なレベルに適用されて、ことばの意味を作り出していくものと考えられますが、ことばの意味を作り出すという点では、空間レベルと知識レベルにくわえて、もう1つ、きわめて重要なレベルが存在していると言えます。それは、一般に**時間レベル**と呼ばれるものです。以下では、時間レベルに適用されるベースとプロファイルの構造化について、その具体例を見ていくことにしましょう。

　日常的にも頻繁に使用される時間表現の1つに、「今日」「昨日」「明日」といったことばがあります。これらのことばが備えている意味は、ベースとプロファイルの構造化の観点からは、どのように理解していくことができるでしょうか。まず、この点について、考えてみることにしましょう。

　「今日」「昨日」「明日」ということばを聞いて、すぐに頭の中に浮かんでくるのは、過去→現在→未来という時間の流れで

はないかと思います（[図1－10] 参照）。つまり、「今日」「昨日」「明日」といったことばの意味を理解していこうとする際には、このような時間の流れをその前提として把握しない限りは、それらの正確な意味には到達できないということを、この点は意味していることになります。一般に、このような時間の流れのことは、**時系列**（time scale）と呼ばれていますが、「今日」「昨日」「明日」といったことばの意味を理解する際には、まさにこのような時系列が、ベースとしての働きを担っていると言うことができます。

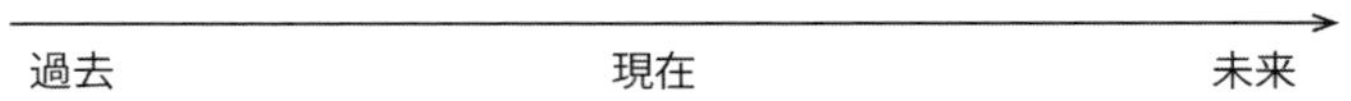

過去　　　　　　　　　現在　　　　　　　　　未来

[図1－10] 時間の流れ（時系列）

　しかしながら、「今日」「昨日」「明日」ということばの意味を理解していく際のベースとしては、時系列と呼ばれるものだけを頭の中に思い浮かべれば、それで十分と言えるでしょうか。残念ながら、その答えは、それだけでは十分ではないと言わなければなりません。まず、「今日」「昨日」「明日」という文字を見れば、すぐに認識できると思いますが、これらのことばは「一日（いちにち）」という単位の連続体を前提として、その意味が決まってきている点に、ここでは注目してほしいと思います。つまり、[図1－10]に描かれたような単なる時系列ではなく、「一日（いちにち）」という単位の連続体で構成された時系列が、この場合にはベースとして認識されなければならないということになります（[図1－11] 参照：□＝「一日（いちにち）」）。

[図1－11] 一日単位の時系列

　くわえて、「今日」「昨日」「明日」ということばの意味を理解していく際には、そのベースを構成する上で必要不可欠となるものが、もう1つだけあります。それは、「今日」「昨日」「明日」ということばの使い手がその時系列上において今どこにいるのかという意味での、現在位置の認識です。つまり、ことばの使い手としての概念主体がその時系列上において占める現在位置の表示が、ここではきわめて重要であり、したがって、ここでのベースを構成する上では、その表示が必ず示されなければならないということになります（［図1－12］参照：●＝概念主体の現在位置）。というのも、このような表示（または認識）がない場合には、そもそも「今日」「昨日」「明日」といったことばの意味それ自体を、まったく把握できなくなってしまうからです。

　以上見てきたように、「今日」「昨日」「明日」ということばの意味を理解していく際には、［図1－10］に示されたような単なる時系列ではなく、［図1－11］に示されたような一日単位の時系列を思い浮かべて、さらには、［図1－12］に示されるように、その時系列上において概念主体の現在位置も認識されなければならないということが、以上の議論から理解できてくると思います。したがって、「今日」「昨日」「明日」といったことばの意味を規定していくために必要となってくるベース

の基本構造としては、［図1－12］に示されたものがその完成版ということになります。

［図1－12］一日単位の時系列

　それでは、［図1－12］に描かれたベースを前提として、「今日」「昨日」「明日」といったことばの意味は、プロファイリングの観点から、どのように理解していくことができるでしょうか。まず、「今日」の意味について考えていくと、概念主体（つまりことばの使い手）が位置づけられている現在位置を占めている一日が、「今日」の意味であると理解していくことができるので、現在位置を占めているその一日にプロファイルを与えていけば、「今日」の意味は抽出できることになります（［図1－13］参照）。次に、「昨日」の意味については、概念主体の現在位置を占めている一日の1つ前に位置づけられる一日のことを意味しているので、今日の1日前に位置づけられる一日にプロファイルを与えることで、その意味は構成できてくることになります（［図1－14］参照）。そして最後に、「明日」の意味については、ちょうど「昨日」の意味とは逆で、概念主体の現在位置を占めている一日の1つ後に位置づけられる一日のことを意味しているので、今日の1日後に位置づけられる一日にプロファイルを与えることで、その意味は理解できてくることになります（［図1－15］参照）。

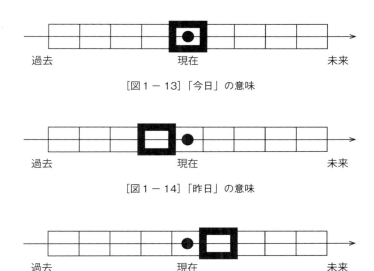

[図1－13]「今日」の意味

[図1－14]「昨日」の意味

[図1－15]「明日」の意味

　このように、ベースとプロファイルの構造化と称される理解様式を活用すれば、「今日」「昨日」「明日」といったことばが備える意味は、認知図式による表示が提示されるという点も含めて、非常に分かりやすく理解できるようになってくると思います。この点は、下記の(2)に提示された、国語辞典による「今日」「昨日」「明日」の定義と比較してみると、その違いがよりよく理解できるようになるかもしれません。国語辞典では、その定義（つまり意味）はことばを介して簡潔に提示されているだけですが、ベースとプロファイルの構造化を施した認知図式による意味規定では、ことばの使用をできるだけ控えて、視覚的なアピールを中心としてその意味を理解していくことができ

ことばの認知プロセス

るという点で、直感的により分かりやすく、またより的確でより正確な意味の表示が可能となっているように思います。

(2)「今日」「昨日」「明日」の定義：
　　今日「（現在の）この日」「本日」
　　昨日「今日より1日前の日」
　　明日「今日の次の日」

（『広辞苑第六版』（岩波書店）より）

　最後に、［図1－12］をベースとしての応用例を、いくつか紹介しておきましょう。［図1－12］のベースを前提とする場合、「一昨日（おととい）」と「明後日（あさって）」の意味は、［図1－16］と［図1－17］のように理解していくことができます。「一昨日（おととい）」は今日の2日前のことを、「明後日（あさって）」は今日の2日後のことを意味していますので、［図1－16］と［図1－17］では、その意味が的確に表示されていると言えます。

［図1－16］「一昨日（おととい）」の意味

［図1－17］「明後日（あさって）」の意味

第1章 プロファイリングの世界

　それでは、下記の (3) の用例に登場してきている「昨日今日（きのうきょう）」や「今日明日（きょうあす）」（下線部参照）といった表現の意味は、［図1 − 12］をベースとして、どのように理解していくことができるでしょうか。

(3) a. 昨日今日の大雨の原因は現在調査中です。
　　b. 今日明日の天気は下記の通りです。

　これまでの例では、時系列上のある特定の一日だけをプロファイルする例が続きましたが、「昨日今日」や「今日明日」といった表現の場合は、時系列上に位置づけられる連続する二日を同時にプロファイルするという点で異なるだけで、その意味理解の考え方はこれまでと基本的に同じであると考えていくことができます。したがって、「昨日今日」と「今日明日」の意味は、［図1 − 12］をベースとして、［図1 − 18］と［図1 − 19］のように捉えていくことが可能です。

［図1 − 18］「昨日今日」の意味

［図1 − 19］「今日明日」の意味

ことばの認知プロセス

前景化と背景化

　ベースとプロファイルの構造化においては、ベース内に位置づけられたある特定の要素に対してプロファイルを与えていくことで、その要素の際立ちを高めていくという認知プロセスが関与しています。いわゆる、このプロファイリングという認知プロセスは、別の見方をしていくならば、ベースを**背景**（background）として理解しながら、その中に存在しているある特定の要素を**前景**（foreground）に出していく認知プロセスとしても、再解釈していくことができるように思います（［図1－20］参照）。認知言語学の研究領域においては、プロファイリングのこのような側面を捉えて、プロファイリングのことを**前景化**（foregrounding）と呼んでいる研究者もいます（cf. Talmy 2000）。

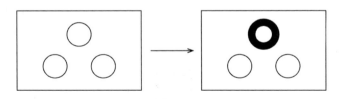

［図1－20］前景化の認知プロセス

　プロファイリングの認知プロセスを前景化として捉え直していくと、次のようなことを想像する人もいるのではないでしょうか。つまり、前景化とは逆の認知プロセスも、現実にはありうるのではないかという疑問が、浮かんできたりはしないでしょうか。実のところ、このような想像は基本的に正し

く、前景化とはちょうど逆の認知プロセスとなりうる**背景化**（backgrounding）と称される認知プロセスも、現実には存在しています。背景化とは、簡単に言えば、現在前景化されている要素（つまりプロファイルされている要素）について、その際立ちを弱めて、それが背景（つまりベース）として認識されてくるようにしていく認知プロセスのことを、一般に意味しています（［図1－21］参照：cf. Talmy 2000）。

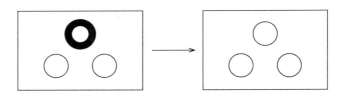

［図1－21］背景化の認知プロセス

例えば、下記の(4)の事例について、考えてみることにしましょう。

(4) 全体の会議は、今日ではなく、明日です。

この文では、全体の会議が開かれる日が今日ではなくて明日であるという情報が述べられています。このような場合、全体の会議が開かれる日のみを前提として考えていくと、この文全体では、「明日」という日が前景化されて、その一方で「今日」という日は背景化されて、理解されていることが分かってくると思います（［図1－22］参照）。というのも、結果論的に見れば、

全体の会議が開かれる日はあくまで「明日」であって、「今日」ではないので、このような前景化と背景化の関係が最終的には構築されてくることになるわけです。

［図1−22］(4)の意味構造

　しかしながら、文の逐次処理という観点からこの文を考えていくと、「全体の会議は、今日」という部分までは、とりあえず「今日」という日が前景化されていたと考えていく方が適切であるように思われます（［図1−23］左側参照）。というのも、この段階では、全体の会議が開かれる日は、「今日」としか解釈していくことがそもそもできないからです。しかしながら、その後に続いて、「今日ではなく」と表現されることにより、「今日」という日に背景化の認知プロセスが適用されていくことになります（［図1−23］中央参照）。くわえて、その後には「明日です」と表明されることで、全体の会議が開かれる日が「明日」に特定されて、「今日」という日の背景化と「明日」という日の前景化という構造が、最終的に仕上がっていくことになります（［図1−23］右側参照）。

第1章 プロファイリングの世界

［図1－23］逐次処理による(4)の文解釈

このように、(4)の例文は、一見すると、背景化の側面が見えにくい部分もあるように思われますが、特に文の逐次処理という観点からこの例文を考えていくと、この文の解釈に背景化が関与しているという点は、より鮮明に見えてくることになります。つまり、「今日」という日が、最初は前景化の対象となっていたのが、最終的にはその際立ちを弱めて、背景化されてしまう点に、背景化の認知プロセスを確認していくことができます（［図1－23］左側および中央参照）。

「人を殺すのは人であって、銃ではない」
これと似たような例としては、下記の(5)の例も、きわめて興味深いと言えます。

(5)「人を殺すのは人であって、銃ではない」。トランプ氏を支持する、全米ライフル協会のスローガンも後押しする。
（「（産経抄）銃規制に立ちふさがる壁 単純な理屈が通用しない米社会」産経新聞（朝刊）2016年6月14日）

ここでは、特に「人を殺すのは人であって、銃ではない」という全米ライフル協会のスローガンに注目してほしいと思いま

す。この場合、そのベースとなる基本構造としては、「銃による人の殺害」がイメージされてくるのではないかと思います。これを物理的なエネルギーの伝達の観点から整理してみると、まず殺害を試みる人（殺害者）がいて、その人が銃を手にして発砲することにより、殺害される被害者が出てくるという、「銃殺」の一連の流れが見えてくることになります（[図1 − 24]参照）。

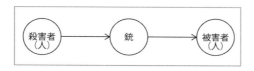

[図1 − 24]「銃殺」の基本構造

このような「銃殺」のイメージを念頭において、このスローガンが最終的に意味している事柄を、前景化と背景化による認知図式の観点から整理していくと、この場合に前景化の対象となっているのは「殺害者」であり、「銃」の方はここでは背景化の対象として認識されていることが理解できてくるようになります（[図1 − 25]参照）。なぜならば、「人を殺す」原因（つまり被害者を出す原因）となっているのは、「人」（つまり「殺害者」）の方であり、「銃」ではないと、ここでは主張されているからです。

第1章 プロファイリングの世界

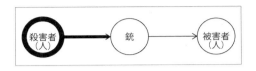

[図1－25] スローガンの意味構造

　一見すると、アメリカ社会において「人を殺す」原因（つまり被害者を出す原因）となっているのは、「銃」の方であるという社会的潮流が見え隠れするところを、「人を殺すのは人であって、銃ではない」と言い切ることによって、「人を殺す」本当の原因（つまり被害者を出す本当の原因）は、むしろ「人」（つまり「殺害者」）の方にあるということに、このスローガンは気づかせてくれようとしています。ことばの上では明確には提示されていませんが、「銃」が原因だとする社会的動向の中で、むしろ「人」（つまり「殺害者」）が原因だとするスローガンを周知することで、その前景化の対象を「銃」から「人」（つまり「殺害者」）に切り替えていくところに（[図1－26]参照）、このスローガンの秀逸さを強く感じ取ることができます。

[図1－26] 前景化対象の切り替え

ことばの認知プロセス

プロファイル・シフティング

　(4)や(5)の具体例を通して、前景化と背景化が関与している言語現象について簡単に見てきましたが、前景化や背景化といった認知プロセスは、それが単独で行われる場合は、これまでの議論で示されてきたように、プロファイルを強めたり、あるいはプロファイルを弱めたりといった効果を結果づけていくことができます。それでは、次の論点として、このような前景化と背景化の認知プロセスが、もしも連続的に行われるとしたら、どのような効果を結果づけていくことができるでしょうか。

　例えば、今ここに、AとBとCという3つの要素があり、それらがまとまってベースを構成していると仮定してみましょう。このとき、Aという要素を前景化したとすると、残りのBとCの要素は背景化されているものとして理解していくことができます（[図1-27]左側参照）。しかしながら、その次の段階で、もしもBの要素を前景化したとすると、どのようになってくると考えられるでしょうか。ここで問題となっている3つの要素への注目度合いという観点から考えていくと、この一連の流れの中で、Bの要素に注目を与えた場合には、相対的にAの要素への前景化度合いは弱められて（つまり背景化が進んでいって）、Bの要素が最前景に押し出されていく形になってくるように思われます。つまり、Bの要素を最前景として、その次にAの要素が際立ち、そしてCの要素が最も際立ちが弱いという構造化が、この場合には仕上がってくるように思います（[図1-27]中央参照）。そして、Bの要素になお一層注目を与え続けることで、さらに時間が経過していくと、最終的にはAの要素とCの要素の間に観察される際立ちは同等のもの

第1章 プロファイリングの世界

となって、Bの要素を前景として、AとCの要素を背景とする構図が立ち現れてくることにもなっていくでしょう（［図1－27］右側参照）。

［図1－27］要素Bの前景化

同様のことは、この次の段階で、前景化の対象を、Bの要素からCの要素へと切り替えていく場合にも、当てはまってくるものと思われます。つまり、Cの要素が前景化されていった場合には、相対的にBの要素への前景化度合いは弱められて（つまり背景化が進んでいって）、その結果、Cの要素が最前景に押し出されていく構図が認識できるようになってくるように思います（［図1－28］左側および中央参照）。このときには、Aの要素はBの要素よりも前景化度合いは弱くなってきており、つまりは完全に背景化してしまっている状態と言ってもよいかもしれません（［図1－28］中央参照）。そして、さらに時間が経過していけば、Aの要素とBの要素の間に観察される際立ちも同等のものとなり、最終的には、Cの要素を前景として、AとBの要素を背景とする構図が確立されてくるかもしれません（［図1－28］右側参照）。

［図1－28］要素Cの前景化

このような観点から、前景化と背景化の認知プロセスを観察していくと、実のところ、前景化が生じる場合には、その裏側では背景化が進んでいるという実際の状況が、より鮮明に見えてくるとは言えないでしょうか。つまり、一連の連続的な言語処理のプロセスを前提とした場合、前景化と背景化の認知プロセスは同時に生じており、何かが前景化されると何かが背景化されるといった同時プロセスの連続体として、一般に理解していくことができます。なお、このように、前景化と背景化の認知プロセスが連続的に処理された場合にもたらされる最終的な効果としては、プロファイルされる（つまり前景化される）対象が順番に切り替えられていくといった効果を、一般に指摘することができます。認知言語学の研究領域では、このようなプロファイル対象（つまり前景化対象）の切り替えのことは、一般に**プロファイル・シフティング**（profile shifting）と呼ばれています（cf. Langacker 1987, 1990, 1991, 2000, 2008, 2009; 山梨 1995, 2000）。

　前景化と背景化の認知プロセスをその基盤としてもつ、このようなプロファイル・シフティングの認知プロセスは、私たち人間がある特定の注目対象にずっとフォーカスを向け続けていくというよりも、いろいろな注目対象へそのフォーカスを切り替えていくことで、私たちの注目は分散されていることの方がより自然な状態であるという事実と考え合わせていくと、この認知プロセスの必要性と重要性はより明確に認識されてくるのではないかと思います。

言語現象の中のプロファイル・シフティング

　プロファイル・シフティングの認知プロセスは、単なる認知プロセスというだけではなく、言語現象の中でも、一般に観察していくことが可能です。つまり、プロファイル・シフティングの認知プロセスを適用して、その言語化を行ったはずだと見抜くことのできる具体的な言語事例が、実際の言語使用例において存在しているのです。例えば、(6) の事例について、ここでは検討してみることにしましょう。

　(6) 僕は庭を見廻した。庭という名のもったいなく聞こえる縁先は五坪にも足りなかった。隅に無花果（いちじく）が一本あって、腥（なま）ぐさい空気の中に、青い葉を少しばかり茂らしていた。枝にはまだ熟しない実が云訳（いいわけ）ほど結（な）って、その一本の股（また）の所に、空の虫籠（むしかご）がかかっていた。その下には瘠（や）せた鶏が二三羽むやみに爪を立てた地面の中を餓えた嘴（くちばし）でつついていた。僕はその傍に伏せてある鉄網（かなあみ）の鳥籠（とりかご）らしいものを眺めて、その恰好がちょうど仏手柑（ぶしゅかん）のごとく不規則に歪んでいるのに一種滑稽な思いをした。
　　　　　　　　　　　　（夏目漱石『彼岸過迄』青空文庫）

　(6) は夏目漱石の小説『彼岸過迄』からの引用であるが、この一連の文を読み込んでいったときに即座に感じてくるのは、「僕」の視点で捉えられる注目対象が様々なところへと切り替えられていっているという感覚ではないかと思います。まさに、

この感覚こそが、プロファイル・シフティングの認知プロセスが反映されている証しであると、ここでは考えていくことができます。

　まず、この場合には、第1文と第2文の言及内容から、ここでのベースが眼前に広がる「庭」に設定されていることが理解できます。そして、その「庭」を前提として、まずその隅に目を転じて、一本の無花果（いちじく）の木を、「僕」は見つけることになります。無花果の「青い葉」にまずは着目して、次にその枝を、そしてその枝になる「まだ熟しない実」を観察して、最後に、枝にかかる「空の虫籠（むしかご）」にその視線は行き着くことになります。そして、その「空の虫籠（むしかご）」から、「僕」の視線は下方向に動き、「二三羽」の「瘠（や）せた鶏」を発見することになります。ここでは、特に、鶏の「爪」や「嘴（くちばし）」に注目を浴びせて、その状況を眺めていることが理解できます。そして、最後の最後は、その鶏の傍らにその目を転じて、「鉄網（かなあみ）の鳥籠（とりかご）」を見つけるという締めくくりとなっています。

　つまり、ここで行われているプロファイル・シフティングと称される一連の認知プロセスを整理していけば、以下に示されるような構造が、この文章の中には立ち現れていると考えていくことが可能です。

(7) 庭→無花果（木→葉→枝→実）→虫籠→鶏（爪→嘴）
→鳥籠

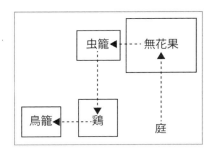

［図1－29］(6)のプロファイル・シフティング

　まず、巨視的な視点で見ていくならば、ここでのプロファイル・シフティングは、「庭」から「無花果」へ、「無花果」から「虫籠」へ、「虫籠」から「鶏」へ、そして「鶏」から「鳥籠」へ、その前景化対象が動いていっていることが理解できます（［図1－29］参照）。と同時に、「無花果」と「鶏」については、さらなるプロファイル・シフティングが関与しており、前者では「無花果」を「木→葉→枝→実」の順に観察していくところに、後者では「鶏」を「爪→嘴」の順で捉えていくところに、微視的なレベルのプロファイル・シフティングを、この場合には特定していくことが可能となっています。したがって、上記の(7)では、このような微視的なレベルのプロファイル・シフティングを、便宜的に括弧書きで表示しておきました。

ことばの認知プロセス

プロファイル・シフティングの間接的言語化

　(6)の例では、プロファイル・シフティングの認知プロセスを適用していく際に、「庭」「無花果」「虫籠」「鶏」「鳥籠」などのように、前景化したものが直接的にことばの上で述べられていく構造が整っていたと言えますが、下記の(8)の例では、その趣きが(6)の例とはやや異なっているように思われます。

(8)「矢萩堂」の主人はスポーツ刈で、眉が濃く、むーさんよりも体格がよくて、若いころ相撲が強かったらしい。
　　　　　（ねじめ正一「むーさんの背中（130）「一茶の空（六十）」」
　　　　　　　　　山陽新聞（朝刊）2016年5月19日 p.22）

　この一節では、「「矢萩堂」の主人」の容姿を観察した様子がことばで率直に伝えられていますが、ここでは特に、「スポーツ刈で、眉が濃く、むーさんよりも体格がよくて」の部分に、プロファイル・シフティングの認知プロセスが関与していると言うことができます。しかしながら、この場合のプロファイル・シフティングは、「スポーツ刈」から「眉」へ、「眉」から「体格」へといった形では、残念ながら、その意味理解には到達しにくいと言わざるを得ないように思います。ここで行われたプロファイル・シフティングは、むしろ、(9)に示されたように、「「矢萩堂」の主人」の「頭」から「顔」へ、そして「顔」から「体全体」へと行われたと考える方が、より自然な言語理解にたどれるような気がします（[図1-30]参照）。つまり、ここでのプロファイル・シフティングは、前景化したものを直接的にことばの上で述べていくのではなく、間接的に述べていく形で

第 1 章 プロファイリングの世界

行われている点に、ここでは注目してほしいと思います。

(9) 頭（スポーツ刈）→顔（眉）→体全体（体格）

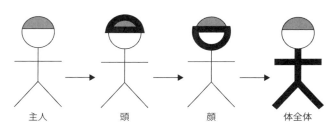

[図 1 − 30] (8) のプロファイル・シフティング

したがって、プロファイル・シフティングの認知プロセスは、それが言語化される場合には、(6) の例に見られるように、前景化されたものが直接的に言及される形で常に行われているというわけでもなく、(8) の例に示されるように、間接的な言及にとどめる形でその言語化が行われている場合もありうるという点に、ここでは注意しておく必要があります。

一般に、プロファイル・シフティングの認知プロセスにおいて、このような間接的な言語化が可能となってくるのは、「頭」と「スポーツ刈」、「顔」と「眉」、「体全体」と「体格」といった結び付きのすべてが、近しい関係性（つまり**近接性**（contiguity））の観点から捉えていくことができるからにほかなりません。つまり、「頭」と「スポーツ刈」は頭とヘアースタイルの密接な関係性で、「顔」と「眉」は「眉は顔の構成要素の 1 つである」という全体と部分の関係性で、「体全体」と「体

格」は物理的な体とその体つきという意味での密接な関係性で、結び付きのリンク関係がすべてはっきりしていることが、このような言語現象の存在を支えていると、一般には理解していくことができます。

メトニミー ―近接性の認知プロセス―

　このようなプロファイル・シフティングの間接的言語化について考えていくと、それによく似た言語現象として、認知言語学の研究領域でよく知られているのが、メトニミー（metonymy）と呼ばれる言語現象です（cf. Lakoff & Johnson 1980; 山梨 1988）。メトニミーという用語は、もともとは修辞学（rhetoric）の領域で用いられてきたものですが、認知言語学の研究領域においては、単なる修辞学的なプロセスを意味するのではなく、広い意味での認知プロセスの一種として、メトニミーは一般に位置づけられることになります。簡単に説明すれば、メトニミーとは、ある特定の2つの要素が近しい関係性（つまり近接性）で結び付けられる、概念上のリンク関係のことであると、定義の上では表現していくことができます。とはいえ、これでは何が何だか、分かりにくいという方もいることでしょう。ですので、もっと簡単に言ってしまえば、先程提示したような、「頭」と「スポーツ刈」、「顔」と「眉」、「体全体」と「体格」といった概念上の結び付きのこと、あるいはそのような概念上のリンク関係のことが、メトニミーと呼ばれる認知プロセスであると言うことができます。

　一般に、メトニミーと称される認知プロセスは、今述べたように、近しい関係性（つまり近接性）に基づいて確立されてく

るわけですが、その背後で働いている実質的な認知プロセスとしては、これまで議論してきたプロファイル・シフティングと呼ばれる認知プロセスが、この場合にもきわめて重要な役割を果たしていると言わなければなりません。つまり、別の見方でもってメトニミーの定義を与えていくならば、ことばの上で表現されることで、当初前景化されていた要素が背景化していくことにより、それと近接的な関係にある別の要素が前景化されてくる認知プロセスのことが、メトニミーであると言うことができます（[図1-31]参照）。

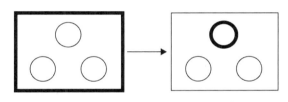

[図1-31] メトニミーの認知プロセス

　抽象性の高い定義的な事柄で、メトニミーという認知プロセスを特徴づけているだけでは、何が何だか、余計に分かりにくくなってきているかもしれませんので、そろそろ、このあたりで、メトニミーの具体事例を提示しておくことにしましょう。ここでは、「電話」に関わる興味深いメトニミー現象が見つかりましたので、それを紹介することにします。

(10) むーさんも連絡のないことを気にしているらしく、たまに電話が鳴ると、こたつから飛び出して電話を掴（つか）む。

　　　　　（ねじめ正一「むーさんの背中（124）「一茶の空（五十四）」」
　　　　　山陽新聞（朝刊）2016 年 5 月 13 日 p. 22［下線は筆者による］)

(11) むーさんには珍しく畏（かしこ）まった物言いで、電話にぺこぺこお辞儀をしている。

　　　　　（ねじめ正一「むーさんの背中（128）「一茶の空（五十八）」」
　　　　　山陽新聞（朝刊）2016 年 5 月 17 日 p. 22［下線は筆者による］)

　(10) と (11) の例は、『高円寺純情商店街』という小説で第 101 回直木賞を受賞した、ねじめ正一による新聞小説からの引用ですが、ここで用いられている 3 カ所の「電話」（下線部参照）ということばに、ここでは着目してほしいと思います。つまり、これらの「電話」ということばは、そのまま素直に考えて、字義通りのいわゆる「電話機」を意味していると考えていってよいものでしょうか。その答えとしては、その前後文脈からも容易に判断していくことができるように、ＮＯと言わざるを得ないと思います。

　まず、(10) の「たまに電話が鳴ると」の「電話」については、「電話が鳴る」という文脈情報から考えていくと、この場合の「電話」は「電話機」そのものを意味しているのではなく、電話がかかってきたときに電話機から発せられる「ベル（呼び鈴）の音」を意味しているものと理解していくことができます。これに対して、(10) の「電話を掴（つか）む」の「電話」については、こ

ちらも「電話を掴（つか）む」という文脈情報を頼りにして推測していくと、この場合の「電話」は、電話機に付属しているいわゆる「受話器」のことを意味しているということが、分かってくるように思います。この場合、仮にここでの「電話」が「電話機」そのものを掴（つか）むと解釈したり、あるいは電話機から発せられる「ベル（呼び鈴）の音」を掴（つか）むと解釈したりしていくことは、ユーモアなどの特殊な文脈を想定していくならば、もちろんありうる話ではありますが、ここでの引用例の前後に位置づけられる小説文脈からは、このような特殊な文脈は何ら提示されていないことを考え合わせると、ここでは通常の解釈、つまり一般性の高い解釈が求められていると一般に判断していくことができるので、ここでの「電話」は「受話器」以外の意味では解釈されないように思われます。

　次に、(11)の「電話にぺこぺこお辞儀をしている」の「電話」ですが、この場合の「電話」が意味しているものは、「電話機」そのものでもなく、電話機から発せられる「ベル（呼び鈴）の音」でもなく、はたまた電話機に付属している「受話器」でもありません。この場合の「電話」は、「ぺこぺこお辞儀をしている」という文脈情報をヒントにして考えていけば、容易に推測がついてくるように、むーさん（小説の登場人物）と今電話をしている「電話相手」のことを、ここでは意味していると考えていくことができます。

　以上示してきた簡単な言語分析を整理してみると、いずれの例においても、「電話」ということばを出発点として、それと近しい関係にある何らかの要素が実際の意味として立ち現れてくるといった状況が、ここでは見えてはこないでしょうか。つ

まり、(10)の「たまに電話が鳴ると」の「電話」が、電話機から発せられる「ベル（呼び鈴）の音」を意味してくるように、(10)の「電話を掴（つか）む」の「電話」が、電話機に付属している「受話器」を意味してくるように、そして(11)の「電話にぺこぺこお辞儀をしている」の「電話」が、むーさん（小説の登場人物）と今電話をしている「電話相手」を意味してくるように、ここでのすべての例が、「電話」ということばから素直にアクセスしていくことのできる近しい関係にあるものを意味するように組み立てられてきている点に、ここでは注目してほしいと思います。まさに、このような「電話」からの「ベル（呼び鈴）の音」「受話器」「電話相手」への意味の切り替えは、もっと簡単に言うならば、プロファイル・シフティングがその背後で行われているということの証拠になってくるように思います。というのも、「電話」というベースを前提として、それと近しい関係にある何らかの要素がプロファイルされてくるという認知プロセスが、ここでは明確に関与しているからです。以下では、この点をより詳しく見ていくことにしましょう。

　まず、(10)に登場してくる2つの「電話」については、そのベースとしては、その文脈情報から考えると、この場合には「電話機」が想起されてくるように思います。つまり、この場合には、「電話」ということばを耳にすると、「電話機」のイメージが頭の中に浮かび、それ全体がプロファイルされるという状況が形成されることになります（［図1－32］左側および［図1－33］左側参照）。そして、このようなベースを前提にして、「たまに電話が鳴ると」の「電話」においては、そのプロファイルが「電話機」全体からその「ベル（呼び鈴）の音」へと切

り替えられていくことになります（[図1－32]参照）。同様に、このようなベースを前提にして、「電話を摑（つか）む」の「電話」においても、そのプロファイルが「電話機」全体からその「受話器」へと切り替えられていくことになります（[図1－33]参照）。このような意味の切り替えに関わる認知プロセスは、まさに、プロファイル・シフティング以外のなにものでもありません。

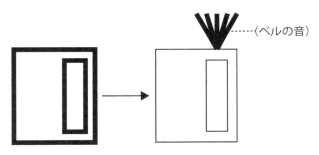

[図1－32]「たまに電話が鳴ると」の解釈

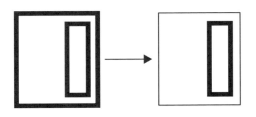

[図1－33]「電話を摑（つか）む」の解釈

次に、(11)に登場してくる「電話」についてですが、この場合にベースとして想起されてくるのは、残念ながら、(10)の解釈において想起された「電話機」ではないように思われます。この場合には、ただ単に「電話機」が想起されるというよりも、その文脈情報から推測されるように、「電話機を介しての通話」といったイメージの方がより想起されやすいように思われます。「電話機を介しての通話」となると、一般的には、電話機を使用する人（つまり通話者）が最低でも2人関与し、2台の電話機を介して通話が行われるといったイメージが、頭の中に想起されてこなければいけないことになります。このような「電話機を介しての通話」イメージが、まさにここでのベースとなって、まずはその全体像がプロファイルされる状態が、この場合には形成されることになります（[図1-34]上側参照）。そして、このようなベースを前提として、「電話にぺこぺこお辞儀をしている」の「電話」においては、そのプロファイルが「電話機を介しての通話」イメージ全体から「電話相手」へと切り替えられていくことで、ここでの意味が理解できてくるようになります（[図1-34]参照）。(10)の例と比べれば、(11)の例はやや複雑ですが、この場合にも、その背景でプロファイル・シフティングと呼ばれる認知プロセスが関与しているということは、[図1-34]を見るならば、一目瞭然ではないかと思います。

第1章 プロファイリングの世界

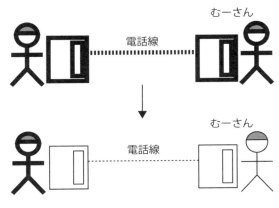

[図1－34]「電話にぺこぺこお辞儀をしている」の解釈

　以上の分析を念頭において考えていくならば、「ことばの上で表現されることで、当初前景化されていた要素が背景化していくことにより、それと近接的な関係にある別の要素が前景化されてくる認知プロセス」であるという、先程提示したメトニミーの定義は、よりよく斟酌していくことができるようになるのではないでしょうか。つまり、ここで言うところの「ことばの上で表現され」「当初前景化されていた要素」とは、(10)における「電話機」のイメージや、(11)における「電話機を介しての通話」イメージといった、ベースになる部分のことを、ここでは意味していることが理解できてくるようになります。また、ここで言うところの「それと近接的な関係にある別の要素」とは、(10)における「ベル（呼び鈴）の音」や「受話器」、そして(11)における「電話相手」といった要素が、それと対応づけられてくるように思います。このように、メトニミーと称さ

57

れる認知プロセスは、その詳細をつぶさに観察していくと、最終的にはプロファイル・シフティングと呼ばれる認知プロセスに還元されていくということが、以上示してきたように、見えてくるようになります。

ズーム・インとズーム・アウト

　メトニミー（あるいはプロファイル・シフティング）との関連で興味深い認知プロセスとしては、**ズーム・イン**（zooming-in）と**ズーム・アウト**（zooming-out）の認知プロセスも、ここで触れておく価値があると思います。これらの認知プロセスにおいては、カメラワークをイメージしていくと、その内実がつかみやすくなるかもしれません。例えば、カメラがズーム・インしていくという場合、注目の的となるべきその被写体に対して、そのフォーカスが絞り込まれていくというイメージが想起できると思います。また、これとは逆に、カメラがズーム・アウトしていくという場合、注目の的となっているその被写体から、そのフォーカスが拡げられていくというイメージが浮かんでくるのではないかと思います。一般に、このようなフォーカスの縮小と拡大に関わる認知プロセスが、ズーム・インとズーム・アウトの認知プロセスであると言うことができます（cf. 山梨 2004, 2015）。

　本章の冒頭では、プロファイリングの卑近な一例として、相撲観戦の例を取り上げましたが、そのときに「土俵」というベースから、土俵上の「稀勢の里」に注目していくことは、カメラワークの観点から言うならば、まさにズーム・インの認知プロセスが関与しているものとして、再解釈していくことができる

と思います。また、これとは逆に、土俵上の「稀勢の里」に注目していたところを、「土俵」全体が見渡せるように、その視野を拡大していくことは、カメラワークの観点から捉えるならば、まさにズーム・アウトの認知プロセスが関与しているものとして、一般に理解していくことができます。

したがって、このような基礎観察を念頭において、ズーム・インとズーム・アウトの認知プロセスを、プロファイリングの観点から定義していくならば、各々の認知プロセスは次のように定義していくことが可能です。まず、ズーム・インの認知プロセスは、プロファイル領域を絞り込んでいく認知プロセス（あるいはプロファイル領域を縮小していく認知プロセス）として、一般に定義することができます（[図1-35]参照：黒地＝プロファイル領域）。これに対して、ズーム・アウトの認知プロセスは、ズーム・インの認知プロセスとは正反対に、プロファ

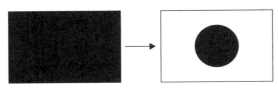

[図1-35] ズーム・インの認知プロセス

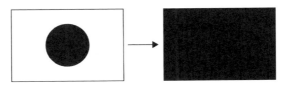

[図1-36] ズーム・アウトの認知プロセス

イル領域を拡大していく認知プロセスとして、一般に定義することができます（［図1 − 36］参照：黒地＝プロファイル領域）。

しかしながら、このようなズーム・インとズーム・アウトの認知プロセスは、上述の相撲観戦の例に見られるような知覚的な現象に関与する認知プロセスとして、ただ単に理解されているというわけではありません。実のところ、認知言語学の研究領域においては、このようなズーム・インとズーム・アウトの認知プロセスが、様々な言語現象の中にも反映されていると、一般には考えられています。以下では、この点を明らかにしていく目的で、言語現象の中に反映されたズーム・インとズーム・アウトの認知プロセスについて、具体事例を検討しながら、見ていくことにしましょう。

ズーム・インの言語現象

まず、(12)の事例について、考えてみることにしましょう。

(12) 連日、かけがえのない命のために大勢の<u>捜索隊</u>がやぶに分け入り、多くの友達が無事の報を喜んだ。
（「（凡語）かわいい子には…」京都新聞（朝刊）2016年6月4日
［下線は筆者による］）

この事例で特に注目してもらいたいのは、下線部の「捜索隊」ということばです。ここでの「捜索隊」とは、具体的には、何を意味して使われていると考えていけばよいでしょうか。(12)の前後文脈を前提としない形で、一般論として、「捜索隊」ということばを耳にした場合には、読者の方はどのようなイメー

ジを想起されるでしょうか。おそらくですが、数多くの捜索隊員で構成された集団(ないしはグループ)のイメージが、頭の中に浮かんでくるのではないでしょうか。つまり、捜索隊が数多くの捜索隊員で構成されているというベース知識を前提としたうえで、その集団全体(ないしはグループ全体)がプロファイルされるような認識が、この場合には想起されてくるように思います([図1-37]参照:○=捜索隊員、□=集団全体(グループ全体))。

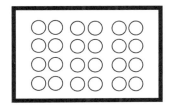

[図1-37]「捜索隊」のイメージ

ところが、(12)の事例においては、「捜索隊」ということばが「大勢の」という要素で修飾されているという事実に、ここで注目してみてほしいと思います。通常は、「大勢の」という要素が登場してくると、例えば「大勢の観光客」や「大勢の政治家」などのように、人を表す名詞がその後についてくるのが一般的と言えますが、(12)の場合には、そうではなく、「捜索隊」という人の集団(ないしはグループ)を表す名詞がその後に出てきているところに、この事例の特殊さを垣間見ていくことができます。一般に、「大勢の」という要素で「捜索隊」という

ことばが修飾される場合には、「捜索隊」ということばを介して、それを構成している「捜索隊員」にそのプロファイルが絞り込まれていくことで、実際のところ、ここでの「捜索隊」は、具体的には「捜索隊員」のことを意味しているものとして、一般には解釈されてくるように思います。つまり、この場合に機能している認知プロセスとしては、「捜索隊」という集団全体(またはグループ全体)から、それを構成している「捜索隊員」に、そのプロファイル領域を絞り込んでいくというズーム・インの認知プロセスを、ここでは指摘することができるように思います([図1-38]参照:○=捜索隊員、□=捜索隊)。

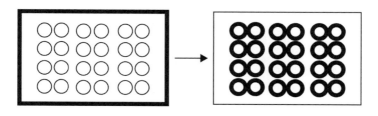

[図1-38] ズーム・イン(「捜索隊」→「捜索隊員」)

このように、(12)の事例では、「捜索隊」から「捜索隊員」への絞り込みという意味でのズーム・インの認知プロセスが関与していると言えるわけですが、この点を別の観点から捉え直してみると、「捜索隊」ということばで表現されたものが、実際には「捜索隊員」のことを意味してくるわけですので、この事例はメトニミーの一例であるとも言うことができると思います。したがって、メトニミーの場合には、そのズーム・インの

認知プロセスは、ことばで表現されたもの（つまり「捜索隊」）から、ことばでは表現されないもの（つまり「捜索隊員」）へと、その絞り込みがかけられていくというのが、その一大特徴になりうると言えるかもしれません。

　これに対して、下記の (13) ～ (15) の事例においては、そのズーム・インの認知プロセスのすべてが、ことばの上で明確に述べられているという特徴を指摘していくことができます。つまり、この場合のズーム・インの認知プロセスでは、ことばで表現されたものから、ことばで表現されたものへと、その絞り込みが行われていくことになります。

(13) ＣＤプレイヤーを買うだけの十分な金は、<u>部屋の机の引き出し</u>に入っている。
　　　　　　（ねじめ正一「むーさんの背中（153)「一茶の空（八十三)」」
　　　　　山陽新聞（朝刊）2016 年 6 月 11 日 p. 26［下線は筆者による］）

(14) ところが先日、地元・<u>三重県鈴鹿市の清水清三郎商店</u>の「作（ざく）」に決まったという報道が流れた。
　　　（「余録」毎日新聞（朝刊）2016 年 5 月 22 日［下線は筆者による］）

(15) 米<u>ケンタッキー州ルイビルを流れるオハイオ川の底</u>には、金メダルが沈んでいる。
　　　（「（産経抄）カシアス・クレイ、そしてモハメド・アリの伝説」
　　　　産経新聞（朝刊）2016 年 6 月 6 日［下線は筆者による］）

ことばの認知プロセス

　これらの例では、下線を施された部分が、ズーム・インの認知プロセスが関与している部分であると言えます。まず、(13)の「部屋の机の引き出し」では、「部屋」から「机」へ、「机」から「引き出し」へと、そのプロファイル領域が絞り込まれてきているところに、ズーム・インの認知プロセスを確認していくことができます。同様に、(14)の「三重県鈴鹿市の清水清三郎商店」でも、「三重県」から「鈴鹿市」へ、「鈴鹿市」から「清水清三郎商店」へと、そのプロファイル領域が絞り込みをかけられてきているところに、ズーム・インの認知プロセスを認めていくことが可能です。そして最後に、(15)の「米ケンタッキー州ルイビルを流れるオハイオ川の底」においては、その絞り込みの連鎖が比較的長く、「米（アメリカ）」→「ケンタッキー州」→「ルイビル」→「オハイオ川」→「（オハイオ川の）底」という順序で、プロファイル領域の絞り込みが行われてきている点に、段階的なズーム・インの認知プロセスを感じ取っていくことができます。

ズーム・アウトの言語現象

　ズーム・アウトの言語現象においても、ズーム・インの言語現象と同様に、メトニミー型のズーム・アウトと完全表出型のズーム・アウトの2種類を、基本的に指摘していくことができます。まず、下記の(16)の事例を手掛かりとして、メトニミー型のズーム・アウトについて、考えてみることにしましょう。

第1章 プロファイリングの世界

(16) 和子さんが私の前にお茶を置いてから、私の脇にぴったりと座る。
（ねじめ正一「むーさんの背中（112）「一茶の空（四十三）」」
山陽新聞（朝刊）2016 年 5 月 1 日 p. 24［下線は筆者による］）

(16) の事例においては、下線を施した「お茶」の部分に、ズーム・アウトの認知プロセスが関与していると言うことができます。この場合の「お茶」とは、具体的には何を意味していると解釈していけばよいでしょうか。「私の前にお茶を置く」という文脈から考えていった場合、液体である「お茶」そのものがそのままの状態で私の前に置かれたということは、通常では考えにくいのではないでしょうか。つまり、液体である「お茶」が私の前に置かれるためには、その「お茶」が何らかの入れ物に入れられた上で、私の前に置かれたはずだと、通常は解釈していかなければ、その正確な意味には到達できないように思われます。この場合、小説内容の文脈から判断する限りにおいては、おそらくですが、「湯呑」または「コップ」に入った状態で「お茶」が置かれたことが推測されてくるように思います（もちろん、その前後文脈なしで、(16) の一文のみで、ここでの「お茶」の解釈をしていこうとした場合には、現代的な観点と言えるかもしれませんが、「ペットボトル」あるいは「缶」に入った状態の「お茶」というのも、その解釈候補の1つになってくるかもしれません）。したがって、(16) において、「お茶」と表現されているものは、より具体的に言うならば、「湯呑またはコップに入ったお茶」のことを意味していると、ここでは理解していく必要があります。この場合、「お茶」と「湯呑またはコッ

ことばの認知プロセス

プ」のリンク関係は、「お茶」ということばを介して、それが入れられている「湯呑またはコップ」がアクセスされてきているという意味では、「お茶」から「湯呑またはコップ」へと拡大していくズーム・アウトの認知プロセスによって、このリンク関係が成立してきていると、一般には考えていくことができます（[図1−39]参照）。

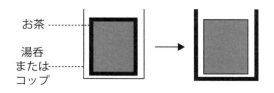

[図1−39] ズーム・アウト（「お茶」→「湯呑またはコップ」）

(16)の事例では、そのズーム・アウトの認知プロセスが、ことばの上で表現されたもの（つまり「お茶」）から、ことばの上では表現されていないもの（つまり「湯呑またはコップ」）へと適用されてきている点に注目していけば、この場合のズーム・アウトはメトニミー的なズーム・アウトであるという点が、より鮮明に見えてくるものと思います。

それでは、次に、下記の(17)〜(19)の事例については、どうでしょうか。これらの事例では、関与しているズーム・アウトの認知プロセスのすべてが、ことばの上で明確に述べられているという特徴（すなわち完全表出型のズーム・アウト）を指摘していくことができます。つまり、この場合のズーム・アウトの認知プロセスでは、ことばの上で表現されたものから、こと

ばの上で表現されたものへと、そのプロファイル領域の拡大が行われていくことになります。

(17) 観測エリアは気象台から半径5キロ以内。
（「滴一滴」山陽新聞（朝刊）2016年7月8日［下線は筆者による］）

(18) それでも米国が世界が、核を見つめ直す道のりの大きな一歩になると信じたい。
（「（天声人語）オバマ大統領が広島訪問」
朝日新聞（朝刊）2016年5月28日［下線は筆者による］）

(19) 博多を中心に福岡近郊で販売している明月堂のお菓子を「全国」へお届けいたします。
（「西洋休日 博多通りもん」（株式会社明月堂）パンフレットより
［下線は筆者による］）

これらの例では、下線を施された部分が、ズーム・アウトの認知プロセスが関与している部分であると言えます。まず、(17)の「気象台から半径5キロ」については、「気象台」を中心地として、そこから「半径5キロ」の範囲にそのプロファイル領域が拡大されていっているところに、ズーム・アウトの認知プロセスを確認していくことができます。次に、(18)の「米国が世界が」については、これは二重にガ格が埋め込まれているという点では特殊な言語現象であると言えますが、この場合にも、最初のガ格である「米国」から、2つ目のガ格である「世界」へと、そのプロファイル領域が拡大していっているところに、

ズーム・アウトの認知プロセスを認めていくことが可能です。そして最後に、(19)の事例においては、「博多通りもん」というお菓子の販売地域を述べていく際に、「博多」から「福岡近郊」へ、そして「福岡近郊」から「全国」へと、そのプロファイル領域が広げられてきているところに、ズーム・アウトの認知プロセスを感じ取っていくことができます。

第2章
メタファーの世界

メタファーとは何か？

　メタファーと聞いても、それがどのような認知プロセスを意味するのかは、それだけでは、すぐには思い浮かばないかもしれません。メタファーということばは、すでに日本語にもなっていますが、英語起源であるがために、そのままでは意味が捉えにくいことばの1つであると言えるでしょう。しかしながら、メタファーは、要するには比喩（ひゆ）のことであると言えば、どのような認知プロセスであるのかを推測することは、比較的容易になってくるのではないでしょうか。比喩と言えば、学校教育の中では、国語の授業時間で登場してくる、おなじみの概念であり、簡単に言えば、何かを何かでたとえる表現技法のことを、一般に意味しています。

　メタファー（metaphor）と呼ばれる認知プロセスでは、一般に、2つの事物の間に観察される**類似性認識**（similarity）

に基づいて、一方をもう一方で見立てるという構造化がなされることになります（cf. Lakoff & Johnson 1980, 1999; Lakoff 1987; 山梨 1988）。例えば、父親とその子どもを見て、顔の形が似ているとか、あるいは顔のパーツの配置構造が似ているとかということを感じたとすれば、そこには形状的類似性や構造的類似性の認識が成立してくることになり、「子どもは父親そっくりだ」というようなメタファー表現が生み出されてくることになります（[図２−１]参照）。

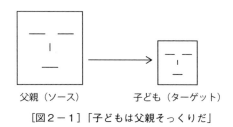

[図２−１]「子どもは父親そっくりだ」

　また、弁当箱全体にご飯を敷き詰めて、そのちょうど真ん中に梅干しを１つ乗せたお弁当をはじめて見たときに、それが日本の国旗である「日の丸」に似ているなあと思わず考えたがために、その弁当が「日の丸弁当」と呼ばれることになったのだと思いますが、この場合にも、弁当箱に観察される色の構造（白＝ご飯、赤＝梅干し）と「日の丸」を構成する色の構造（白地に赤丸）の間に構造的類似性の認識が成立しているがために、それを根拠として、「日の丸弁当」という比喩的なことばが生まれてきたのだと考えられます（[図２−２]参照）。

第2章 メタファーの世界

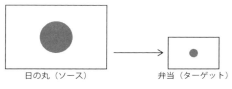

[図2-2] 日の丸弁当

認知言語学の研究領域においては、このように、類似性認識を土台として、一方をもう一方でたとえるという構造化をなす、メタファーと呼ばれる認知プロセスは、ある特定の概念を、それとは別の概念の観点から理解していく認知プロセスとして、一般に定義されることになります（[図2-3] 参照：○＝概念、→＝たとえ）。この場合、たとえられる側の概念のことは**ターゲット**（target）、たとえる側の概念のことは**ソース**（source）として、一般に呼び分けられています（cf. Lakoff & Johnson 1980, 1999）。したがって、「子どもは父親そっくりだ」というメタファー表現の場合には、ターゲットが「子ども」で、ソースが「父親」ということになります（[図2-1] 参照）。他方で、「日の丸弁当」というメタファー表現の場合には、ターゲットが「弁当」で、ソースが「日の丸」ということになります（[図2-2] 参照）。

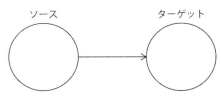

[図2-3] メタファーの基本構造

本章では、類似性認識に基づいて、一方をもう一方でたとえるという構造化で成り立っている、メタファーが関与する言語現象について、身近な具体事例を指摘しながら、その様々な姿形について紹介していきたいと思います。

直喩と隠喩

　ここまでは、メタファーのことを比喩として理解して、簡単な説明を与えてきましたが、類似性認識に基づいて何かを何かでたとえていくという認知プロセスは、言語レベルにおいては、実のところ、様々な形でもって現れてくることになります。実を言えば、メタファーとこれまで呼んできた用語も、辞書を引けばすぐに分かることですが、比喩全般を指す意味合いももちろんあるとはいうものの、実際にはもう少し意味的に限定されて、比喩全般のなかでも、特に隠喩（または暗喩）と呼ばれる類の比喩のことが、通常はメタファーと呼ばれることになります。したがって、一口に比喩と言っても、実際には、それには様々な種類を特定していくことができると言えます。

　比喩の分類という点において、最もよく知られているのが、**直喩**（simile）と**隠喩**（metaphor）という二分法ではないかと思います。前者の直喩は、類似性認識に基づいて何かを何かでたとえるという認知プロセスが、ことばの上において、そのまま表現されてくるような比喩のことを意味していると言えます。これに対して、後者の隠喩は、暗喩という呼称でもよく知られていますが、この場合には、「隠」や「暗」という漢字からもある程度は推測されてくるように、類似性認識に基づく「たとえ」の認知プロセスが、ことばの上においては包み隠される

ようにして表現されてくる比喩のことを意味していると言うことができます。

このようなやや抽象度の高い定義を与えただけでは、直喩と隠喩の根本的な違いがまだ見えにくいかもしれませんので、このあたりで、各々の具体事例を見ておくことにしましょう。下記の(1)は、フランス南部の観光都市ニースで起きたテロ事件について、その様子を記述した新聞のコラムからの引用です。

(1) 猛スピードの顔なきトラック。どれほどの恐怖だったか。フランス南部、世界屈指の観光地ニースで起きた耳を塞(ふさ)ぎたくなる、テロ事件である。大型トラックが革命記念日を祝う花火を楽しんでいた人びとに突っ込んだ▼死者八十四人。「ボウリングのピンのようになぎ倒された」。ためらいも容赦もない「ボール」の冷酷さ。うかがえるのはいかに効率良く、大勢の人の命を奪うかの曲がった計算だけである▼

(「中日春秋」中日新聞（朝刊）2016年7月16日
［下線は筆者による］)

この引用例においては、特に下線を施した部分に注目をしてみてほしいと思います。下線部は2つ存在していますが、いずれにおいても、大型トラックが花火を楽しんでいた人々に突っ込んだという衝撃的な出来事を、ここではボウリングの観点から理解しようとしています（[図2-4]参照）。つまり、大型トラックをボウリングのボールに見立てて、また花火を楽しんでいた人々をボウリングのピンに見立てて、その状況の悲惨さ

が、「たとえ」の構造を通して、ここでは記述されているのです。

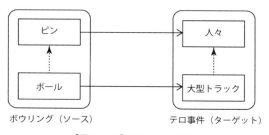

［図２－４］(1)の比喩構造

　しかしながら、このような類似性認識に基づいて、テロ事件の出来事をボウリングの観点からたとえていくという認知プロセスは、(1)の下線部の記述のどちらからも理解できてくるにしても、それを表現していることばについて考えてみるとき、１つ目の下線部と２つ目の下線部との間には、表現法の点において差異が感じられるように思います。つまり、１つ目の下線部では、「ボウリングのピンのように」というフレーズから窺えるように、「―のように」という部分に、「たとえ」の認知プロセスがここで行われているということが、ことばの上で明確に示されているのに対して、２つ目の下線部では、「たとえ」の認知プロセスがここで行われているにもかかわらず、そのことを明確に示してくれる言語要素を一切使用しない形で、ここでの言及がなされている点に、両者の違いを認めていくことができます。

　まさに、このような違いの行き着くところが、直喩と隠喩の根本的な区分につながってくることになります。つまり、先に

第 2 章 メタファーの世界

も述べたように、「たとえ」の認知プロセスがことばの上で明確に表現される場合が直喩であると言えるので、「ボウリングのピンのようになぎ倒された」という表現は、直喩の一例であると言うことができます。これに対して、「たとえ」の認知プロセスがことばの上で明確に表現されない場合が隠喩であると言えるので、「ためらいも容赦もない「ボール」の冷酷さ」という表現は、隠喩の一例であると理解していくことができます。

直喩と隠喩のさらなる例

 (1) の事例においては、「たとえ」の認知プロセスを直接的に言語化した「―のように」というフレーズを手掛かりとして、それが用いられている場合が直喩、それが用いられていない場合が隠喩として区分されてくるわけですが、直喩と隠喩の違いをさらに理解していく目的で、各々のさらなる具体事例を以下に追加しておきたいと思います。

(2) 直喩の具体事例：
 a. 小麦粉を熱湯で α 化し、低温で長時間じっくり熟成させて焼き上げる「超熟製法」で、<u>炊きたてごはんのような、もっちり、しっとりとした食感に。</u>
     (「超熟ロール」(敷島製パン株式会社 (Pasco))
      広告パンフレットより [下線は筆者による])

 b. 「チーズゴールド」は、チーズのおいしさにこだわった食事パンです。チェダーチーズとゴーダチーズを<u>ミックスしたダイス状のチーズ</u>をパン生地にたっぷり練り込みました。

75

(山崎製パン株式会社ホームページ（ニュースリリース：
https://www.yamazakipan.co.jp/company/news/20160325_2.html）より
［下線は筆者による］）

　　c. 絹みたいな髪になりたい
　　　　（Kracie シャンプー「いち髪」CM より［下線は筆者による］）

　(2) の事例においても、下線を施した部分が、「たとえ」の認知プロセスが関与している部分であると言えます。まず、(2a) では、「パンの食感」が「炊きたてごはんの食感」にたとえられていますが、この場合には、比喩の認知プロセスを想起させる「―のような」というフレーズが登場してきていることから、この例が直喩であることが判断されることになります。次に、(2b) では、「チーズ」を「ダイス（サイコロ）」として理解していく比喩が関与していると言えますが、この場合には、「―状の」というフレーズが比喩の認知プロセスを想起させてくると考えられるので、この例も直喩として理解されることになります。そして最後に、(2c) では、「髪」を「絹」にたとえる認知プロセスが適用されていると言えますが、この場合にも、「―みたいな」というフレーズによって比喩の認知プロセスが直接的に表現されているので、この例も直喩として捉えていくことが可能となります。

　(3) 隠喩の具体事例：
　　a. 小紙の投稿欄「談話室」に農業を営む男性のお便りが載っていた。「自宅近くの田んぼでは夜、カエルの合唱になる。雨が降るとその声は一層高らかになる…」。

<u>耳で知る季節の移ろいに味わいがある</u>▼

（「（産経抄）「移り気」なアジサイの季節 有権者は感度を磨け」
産経新聞（朝刊）2016 年 6 月 5 日［下線は筆者による］）

b. <u>バラエティに富んだ具とふんわりやわらかな食パンのハーモニー</u>が、どなたにも親しまれる人気のひみつ。いつでもどこでも、食事におやつに大活躍のおいしさです。

（「ランチパック」（山崎製パン株式会社）パッケージより
［下線は筆者による］）

c. <u>野菜にドレスを着せましょう。</u>

（キューピー ドレッシング CM より［下線は筆者による］）

　次に、隠喩の具体事例ですが、(3) に示された事例においても、下線を施した部分が、「たとえ」の認知プロセスが関与している部分であると言えます。まず、(3a) では、「田んぼでカエルが鳴く様子」を「合唱」の観点から理解する「たとえ」が利用されていますが、この場合には、その認知プロセスを直接的に言語化したフレーズが、ことばの上には現れてきていないので、この例は隠喩であると判断されることになります。次に、(3b) では、山崎製パンの人気商品である「ランチパック」のおいしさが、音楽概念である「ハーモニー」の観点から表現されている点に、「たとえ」の構造を見つけることができますが、この場合にも、その認知プロセスを直接的に言語化したフレーズは一切見られないので、この例も隠喩ということになります。そして最後に、(3c) では、野菜に「ドレッシングをかけること」を「ドレスを着せること」として理解していく比喩が用いられ

ていますが、この場合にも、その認知プロセスを言語化した直接的なフレーズというものが認識されてこないので、この例も隠喩として分類されることになります。

　以上の(1)〜(3)の事例分析を通して一貫して見えてくることとしては、直喩の場合には、「たとえ」の認知プロセスを直接的に言語化したフレーズ（「─のように」「─のような」「─状の」「─みたいな」など）が、ことばの上で明確に登場してくるのに対して、隠喩の場合には、そのようなフレーズが、ことばの上では一切登場してこないという点に、直喩と隠喩の大きな違いを認めていくことができます。一般に、このような直喩と隠喩の大きな違いは、第1章で取り扱ったプロファイリングの観点から理解していくと、もしかしたら、より分かりやすくなるかもしれません。つまり、直喩の場合は、「たとえ」の認知プロセスが言語化されるわけですので、比喩の基本構造を示した［図2-3］において、その中央部の矢印の部分がプロファイルされる比喩のこととして、この場合には理解していくことができるはずです（［図2-5］参照）。これに対して、隠喩の場合は、「たとえ」の認知プロセスが言語化されないのがその特徴ですので、比喩の基本構造としての［図2-3］において、中央部の矢印の部分がプロファイルされない比喩のこととして、この場合には捉えていくことができるように思います（［図2-6］参照）。

第2章 メタファーの世界

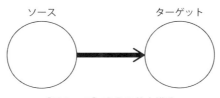

[図2−5] 直喩の基本構造

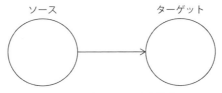

[図2−6] 隠喩の基本構造

擬人化と擬物化

　ここまでは、直喩・隠喩と呼ばれる比喩の分類法について述べてきましたが、比喩の分類と言えば、もう1つよく知られているものがありますので、それについて、ここで紹介しておくことにしましょう。それは、**擬人化**（personification）・**擬物化**（counter-personification）と称される比喩の分類のことです（cf. 山梨 1988）。まず、擬人化ですが、これは何らかの「事物」を「人間」の観点から理解していく比喩のことで、つまり、ソースが「人間」で、ターゲットが「事物」となるような比喩のことを意味していると言えます（[図2−7] 参照）。これに対して、擬物化は、擬人化とはまったく正反対のプロセスとなり、「人間」を「事物」の観点から理解していく比喩のことで、つまり、ソースが「事物」で、ターゲットが「人間」となるよ

うな比喩のことを意味していると言えます（［図2-8］参照）。

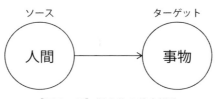

［図2-7］擬人化の基本構造

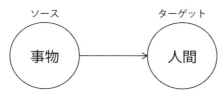

［図2-8］擬物化の基本構造

　擬人化と擬物化の認知プロセスを簡単に整理していくと、このような感じとなってきますが、これだけでは、擬人化と擬物化の認知プロセスの特徴をつかみにくいと思われますので、その具体事例を通じて、これらの認知プロセスについて考えてみることにしましょう。
　まず、(4)の事例について、考えてみてほしいと思います。

(4) 童謡「めだかの学校」
　　（作詞：茶木滋　作曲：中田喜直）
　　　　めだかの学校は　川の中
　　　　そっとのぞいて　みてごらん

第2章 メタファーの世界

　　　そっとのぞいて　みてごらん
　　　みんなでお遊戯しているよ

　これは、幼い時に誰しもが耳にしたことのある、日本ではとても知名度の高い童謡だと思いますが、その当時は特に何も考えずに、ただ単にこの童謡を楽しむという感覚だけで、歌ったり聴いたりしていたのではないかと思います。ところが、この童謡の歌詞をよく観察していけばすぐに気づくことかもしれませんが、「めだか」の世界に学校があるということ、また「めだか」がお遊戯をしているといった点は、いくら考えても、現実にはありえないのではないかという感覚に誘われてきたりはしないでしょうか。つまり、この童謡は、頭の中での想像の世界をことばの上で描いているのであり、現実に目撃した事柄を述べているわけではないという点に、ここでは気づく必要があります。そして、このような想像的な世界を認識することを可能にしてくれているのが、まさに比喩という認知プロセスであり、この場合には、特に擬人化の認知プロセス（「人間」→「めだか」）が機能することにより、「めだか」の世界に学校があるという発想、また「めだか」がお遊戯をしているという発想が生まれてきていると、ここでは理解していくことができます。
　次に、(5)の事例について、考えてみてほしいと思います。

(5) 大塚愛「さくらんぼ」
　　（作詞・作曲：愛　編曲：愛× Ikoman）
　　　笑顔咲ク　君とつながってたい
　　　もしあの向こうに見えるものがあるなら

81

愛し合う2人　幸せの空
隣どおし　あなたとあたし　さくらんぼ

　これは、大塚愛の2枚目のシングルとして、2003年に発表された楽曲「さくらんぼ」からの一節（サビの部分）です。この歌詞を読んですぐに気づくのは、この歌詞の世界では、「恋人同士」が「さくらんぼ」に見立てられて表現されているということではないかと思います。つまり、「君とつながってたい」「愛し合う2人」「隣どおし」「あなたとあたし」などのフレーズは、「恋人同士」という概念を別の言い方で表現しているといっても過言ではないほどに、その概念を強く想起させるわけですが、その直後に、このような恋人同士の様子を「さくらんぼ」と体言止めでまとめあげることにより、「さくらんぼ」のようにつながっている、切っても切れない仲の良い「恋人同士」を強くイメージしていくことが可能となっています。ただし、この場合の「さくらんぼ」は、ただ単に「さくらんぼ」と言っても、その実の2つが枝でくっ付いている「さくらんぼ」をイメージしていかないと、ここでの歌詞とは一致してこないように思われます（［図2－9］参照）。というのも、このようなイメージでないと、「恋人同士」という概念とも、数の一致の点で、まったく合致してこなくなってしまうからです。

第2章 メタファーの世界

[図2-9] (5)における「さくらんぼ」のイメージ

　このような形で(5)の歌詞の考察を深めていけば、「恋人同士」は「人間」の領域、「さくらんぼ」は「事物」の領域ということになるので、この場合の比喩の認知プロセスとしては、「恋人同士（人間）」を「さくらんぼ（事物）」の観点から理解するという関係（「さくらんぼ（事物）」→「恋人同士（人間）」）が成立しているものとして、ここでは分析していくことができるように思います。つまり、この場合は、「人間」を「事物」の観点から理解していく比喩が成立していると一般に理解していくことができるので、(5)の例は擬物化の一例であると、ここでは判断されることになります。

擬人化と擬物化のさらなる例

　ここまでは、歌詞に登場してくる擬人化と擬物化の具体事例をそれぞれ1例ずつ、簡単に見てきましたが、それでは、下記の(6)に挙げられるような事例は、擬人化と擬物化のどちらが関与していると言えるでしょうか。擬人化と擬物化のさらなる具体事例を追加で提示していく意味も含めて、この点について考えてみることにしましょう。

(6) a. とうに賞味期限の過ぎた食品を冷蔵庫の奥から見つけるのは何度経験しても情けない。翌日のゴミ収集日に捨てようと庫内に戻して失念し、<u>半月後に再会した</u>こともある▼

（「(天声人語) 期限切れ商品を持ち込む」朝日新聞（朝刊）2016年5月31日［下線は筆者による］）

b. まだ一度も顔を合わせたことのないイチロー選手とローズ氏に、話し合いの場を設けようというのだ。…（中略）… <u>日米の安打製造機</u>が、まったく異なる野球観を披露し合う。ファンにとって、たまらないイベントになるだろう。

（「(産経抄) イチローの本当の偉大さ」産経新聞（朝刊）2016年6月17日［下線は筆者による］）

(6)の引用事例は、いずれも新聞のコラムからの引用です。まず、(6a)では、賞味期限切れの食品を、ゴミの日に捨てようと思って、冷蔵庫に入れておいたのに、結局はそのこと自体を忘れてしまって、半月後にそれが冷蔵庫の中にあることに気づくという、日常生活においてよく見られる光景が記述されています。しかしながら、ここで特に注目をしたいのは、ゴミに出す予定だった食品に半月後に気づいたことを、まるで誰かに会うかのように、「再会した」と表現しているところに、比喩の認知プロセスが見え隠れしているという事実です。この場合の比喩は、「ゴミに出す予定だった食品（事物）」に気づくことを「誰か（人間）」に会うという観点から理解することで、「ソース：人間」→「ターゲット：事物」の関係が成立してきていると言

えますので、(6a) の事例は擬人化の一例として、ここでは理解していくことが可能となります。

次に、(6b) ですが、こちらは、野球界でヒットを量産してきた「イチロー選手とローズ氏」のことを、「日米の安打製造機」として理解していく比喩が、ここでは用いられている点に、特に注目をしてもらいたいと思います。この場合の比喩は、人間である「イチロー選手とローズ氏」を、「安打製造機」という機械の観点から捉えていこうとしている点が、その最大の特徴であると言うことができます。この捉え方は、一般化して理解していくならば、「ソース：機械（安打製造機）」→「ターゲット：人間（イチロー選手とローズ氏）」の関係が成立してくることになるので、(6b) の事例は、「人間」を「事物」の観点から理解していく擬物化の一例として、ここでは把握されることになります。

プロファイリングをたとえる

比喩の認知プロセスとして、直喩と隠喩、擬人化と擬物化について、簡単ではありますが、ここまで紹介してきましたが、最後に、特殊な比喩を1つだけ、ここで紹介しておきたいと思います。それは、筆者が「プロファイリングのメタファー」と、仮称ですが、呼んでいるものです。

プロファイリングというのは、第1章でも詳しく説明してきましたが、簡単に言えば、視線対象に注目を浴びせて、その注目度合いを高めていく認知プロセスのことを、認知言語学の研究領域では、一般にプロファイリングと呼んでいます。そのプロファイリングと呼ばれる認知プロセスが、ここでは比喩の認

ことばの認知プロセス

知プロセスを通して、何か別の観点からたとえられていくような言語現象のことを、筆者は「プロファイリングのメタファー」と呼んで、ここで区分しているわけです。つまり、別の見方でもって言うならば、プロファイリングという認知プロセスをターゲットとして理解した上で、そのターゲットを、ソースとして認識されている何か別の観点からたとえていこうとする比喩のことが、ここで言うところの「プロファイリングのメタファー」ということになります（[図2 - 10] 参照）。

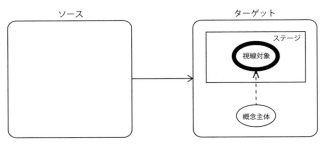

[図2 - 10]「プロファイリングのメタファー」の基本構造

「プロファイリングのメタファー」の定義としては、このような感じのものとなりますが、やはり実際の具体事例を見た方が、その理解は明らかに早いように思いますので、ここで、その具体事例をいくつか提示しておきたいと思います。

(7)「プロファイリングのメタファー」の具体事例：
　a. バブル経済の時代、エンゲル係数や家計調査に対する関心は低調だった。だが近年は経済格差のせいか、

再び脚光を浴びつつある。
　　　　　　（「(天声人語) エンゲル係数の上がる国」朝日新聞（朝刊）
　　　　　　　2016 年 7 月 16 日［下線は筆者による］）

b. 渦中の舛添要一東京都知事の後ろに同じような政治家の姿をみる人も少なくなかろう。
　　　　　　（「(凡語) 信なくば」京都新聞（朝刊）2016 年 6 月 8 日
　　　　　　　　　　　　　　　　　　　　　　　　［下線は筆者による］）

c. 日ごろはニュースにとんと関心のない小学生の愚息が、テレビ画面にくぎ付けとなり、「お父さん」と確かめるように問うてきた。
（「(産経抄)「礼儀・作法」がなっていない国会議員は自衛隊に体験入隊を」産経新聞（朝刊）2016 年 6 月 4 日［下線は筆者による］）

　まず、(7a) では、「エンゲル係数や家計調査に対する関心」が、「近年」「脚光を浴びつつある」と表現されている点に、ここでは注目してほしいと思います。この場合、「エンゲル係数や家計調査に対する関心」が視線対象となり、その注目度合いが高くなってきていることを、暗闇に光を当てて何かを照らし出すという観点から理解しているので、この場合には、プロファイリングの認知プロセスが「照明」の観点からたとえられていると、ここでは分析していくことができます。
　次に、(7b) では、冒頭に登場してきている「渦中の舛添要一東京都知事」という表現に、ここでは注目してもらいたいと思います。「渦中」というのは、読んで字のごとく、「渦の中」ということですが、この場合は字義通りに「渦の中」という解釈よりは、現在注目を集めているという意味で、ここでの「渦中」

ということばは使われているように思います。水の表面に渦があれば、自然とその渦に注目が集まってくるように、この場合には、「舛添要一東京都知事」の不祥事に関わる案件で、世間の注目が「舛添要一東京都知事」に自ずと集まってきていることを、「渦中」ということばでもって、表現しているものと思われます。このような形で、「渦中の舛添要一東京都知事」という表現の解釈を考えていくと、ここでは、「舛添要一東京都知事」に世間の注目が集まってきていることを、水の表面に浮かんでくる渦の観点から捉えていることになるので、この場合にも、プロファイリングの認知プロセスが「水面の渦」の観点から理解されてきていることが、はっきりと見えてくることになります。

　そして最後に、(7c) では、小学生が「テレビ画面にくぎ付け」になる様子が記述されていますが、ここでは特に「くぎ付けとなり」という表現に注目してもらいたいと思います。この場合の「くぎ付け」とは、具体的には、テレビ画面から視線を離さずに、ずっとその画面を見ているということだと思いますが、この行動は、要するには、テレビ画面に映し出されてくるものをずっと注視しているという意味では、プロファイリングの認知プロセスと基本的には同じであると考えていくことができます。したがって、この場合にも、視線がテレビ画面に集中することを、くぎで打ちつけられて固定されるといった観点から理解していこうとしているので、プロファイリングの認知プロセスが「くぎ付け」の観点から捉えられていることが、明確に理解できてくるように思います。

　まとめれば、プロファイリングの認知プロセスが、(7a) では

「照明」の観点から、(7b) では「水面の渦」の観点から、(7c) では「くぎ付け」の観点から理解されることで、ここでの比喩がすべて成立してきているという点が、ここでは特に重要であると思います。比喩の認知プロセスを利用して、このような形でプロファイリングの認知プロセスがたとえられていくという言語現象が実在しているということ自体、きわめて興味深い現象であると言うことができますが、認知プロセスそれ自体を、比喩を介してたとえていくということは、プロファイリングに限らず、実際の言語使用においては、もっと多くの具体事例が実際にはあるのかもしれません。このあたりの議論は、また別の機会にと思いますが、ここでは少なくとも、(7) に提示したような「プロファイリングのメタファー」と呼んでいくことができるような言語現象が、実際の言語使用において存在しているという事実だけを、ここでは指摘して、本章を締めくくりたいと思います。

第3章
ブレンディングの世界

ブレンディングとは何か？

　プロファイリングやメタファーといった認知プロセスは、その名称をただ単に聞いただけでは、その認知プロセスがどのようなものであるのかを推測することは、一般に難しいように思われますが、本章で紹介する**ブレンディング**（blending）と呼ばれる認知プロセスは、読んで字のごとく、複数のものをブレンドして、何か新しいものを作るという、誰にでも容易に推測がつく、まさにそのプロセスのことを意味しています（cf. Fauconnier & Turner 2002, 2006; Coulson 2001; Hougaard 2005; Yasuhara 2012）。

　このブレンディングと呼ばれる認知プロセスの要点を確認していくために、ここでは、一例として、黒色の絵の具と白色の絵の具を混ぜ合わせて、灰色の絵の具を作ることについて、考えてみることにしましょう（[図3 − 1] 参照）。この場合、黒

ことばの認知プロセス

色の絵の具と白色の絵の具をどのような割合で混ぜ合わせて、灰色の絵の具を作るのかによって、結果的に仕上がってくる灰色の絵の具が備えることになる色合いが変化してきてしまうという点に、ここでは特に注目してほしいと思います。つまり、黒色の絵の具と白色の絵の具を１：２で混ぜ合わせる場合と、それらを２：１で混ぜ合わせる場合とでは、最終的に仕上がってくる灰色の絵の具の色合いがまったく異なったものになってくるという点が、ここでは特に重要です。おそらく、前者の絵の具は「白みがかった灰色」に、後者の絵の具は「黒みがかった灰色」になって、その灰色の色合いにおいて性質的に異なったものが、前者と後者とでは仕上がってくるように思われます。このように、黒色の絵の具と白色の絵の具を混ぜ合わせて、灰色の絵の具を作り出すプロセスについて考えていくと、黒色の絵の具と白色の絵の具が本来備えていた色の特徴というよりも、それらが混ぜ合わされることではじめて認識できるようになる、黒色でもなく白色でもない、灰色という独特の色の特徴が引き出されてくることが、この簡単な例からも理解できるよ

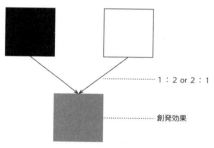

［図３－１］黒色＋白色→灰色

うになります。認知言語学の研究領域では、このように、複数のものを部分的に混ぜ合わせたときに、本来備わっていない新しい特徴がその結果物に生じてくる効果のことを、一般に**創発効果**（emergent effect）と呼んでいます。

　このようなブレンディングの認知プロセスは、認知言語学の研究領域においては、一般に、［図３－２］に示されるような構造規定で理解されることになります。まず、ここまで「複数のもの」としてことばの上では提示されてきた、混ぜ合わされる対象のことは、一般に**インプット**（Input）と呼ばれ、複数のインプットが必要となる場合には、インプット１、インプット２、インプット３のように、数字をつけて、呼び分けられることになります。そして、複数のインプットに存在しているものを部分的に混ぜ合わせることで、創発効果を伴って生み出されてくる結果物のことは、一般に**ブレンド**（Blend）と呼ばれています。したがって、ブレンディングの認知プロセスは、一般的な構造規定を与えるならば、複数のインプットから、創発効果を備えるブレンドを構築していく認知プロセスとして、一般に理解していくことができます。この点をより理解しやすくするために、ついでながら、「絵の具の合成」の例でこの点を説明しておけば、「黒色の絵の具」と「白色の絵の具」が、それぞれインプット１とインプット２に対応することになり、そして結果物としての「灰色の絵の具」がブレンドに対応していると、ここでは捉えていくことができます。

ことばの認知プロセス

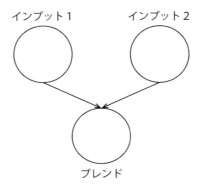

[図3－2] ブレンディングの基本構造

　ここで取り上げた「絵の具の合成」の例は、一般的に考えると、物理レベルにおいて生じる自然現象として理解されるものかもしれませんが、もしもこのような絵の具の合成プロセスが日常会話の話題の中で登場してきたということになると、その場合は、絵の具の合成プロセスを頭の中でイメージしていくことになるので、この場合には、一般に認知レベル（または概念レベル）の現象として理解されることになります。本章では、複数のものを部分的に混ぜ合わせることで創発効果を生み出していく、ブレンディングの認知プロセスが関与する言語現象について、身近な具体事例を指摘しながら、その様々な姿形について紹介していきたいと思います。

比較文脈とブレンディング

　一般に、私たちが物事を比較していく際には、どのような要素が必要になってくると考えられるでしょうか。少なくとも、

比較をするということが行われるためには、比較対象となるべきものが最低でも2つは必要になってくるということは、誰の目からも明らかなことでしょう。しかしながら、それだけではないというのも、また事実であると思います。つまり、最低でも2つの比較対象にくわえて、その比較を同一基準でもって行うための**スケール**（scale）が認識されない限りは、そもそも比較などというプロセスは、起こり得ない事柄ではないでしょうか。というのも、同じ基準を設定しない形で比較したとしても、何も見えてくるものはないと考えられるからです。

このような比較文脈が形成される背景においては、一般に、ブレンディングの認知プロセスが関与していると言えます。つまり、比較対象となるべき2つの事柄が、それぞれインプット1とインプット2に対応し、それらを同一基準のスケール上に混ぜ合わせていくことで、ブレンドが形成されて、そしてその結果、そのブレンド内において、実際の比較が行われていくと、ここでは一般に理解していくことができます。

このような比較文脈の構築における、ブレンディングの認知プロセスの関与について、より具体的にイメージしていく目的で、下記の (1) の事例について、ここで考えてみることにしましょう。

(1) 確かに街角の公衆電話は携帯電話などの普及で激減している。1984 年度のピーク時には全国で 93 万台余りあったが、今では約 18 万台と全盛期の 5 分の 1 しかない。

（「滴一滴」山陽新聞（朝刊）2016 年 5 月 22 日）

ことばの認知プロセス

　この例では、私たちが街角でよく目にする公衆電話についての記述がなされており、特にここでは、その台数についてのある事実が数値表現を伴って指摘されるとともに、そこから比較的な視点でもって、公衆電話の現状が私たちに伝えられています。一般に、このような比較文脈の構築は、ブレンディングの認知図式（［図3－2］参照）を前提にして考えていくと、より分かりやすく理解できてくるように思います。

　まず、この事例において比較の対象となっているものを整理すれば、ここでは2つの比較対象が存在していることが見えてきます。1つは、ピーク時にあたる1984年時点での全国的な公衆電話の台数（つまり「93万台余り」）であり、もう1つは、現在における全国的な公衆電話の台数（つまり「約18万台」）ということになります。したがって、この2つの事実が、インプット1とインプット2に蓄積される情報（または概念内容）として、ここでは理解されることになります（［図3－3］参照）。

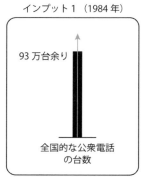 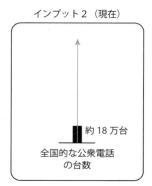

［図3－3］インプットの構築

第3章 ブレンディングの世界

　それでは、次に、ここでの比較を行っていく上での「同一基準のスケール」とは、具体的には何を意味していると考えていけばよいでしょうか。一般に、このような場合には、インプット間で共通している要素を中心に探し出していくと、そのスケールが簡単に見えてくることになります。つまり、この場合には、インプット1とインプット2に共通している要素として、「全国的な公衆電話の台数」を指摘していくことができますので、それがここでのスケールとして機能していることになります（［図3－4］参照）。

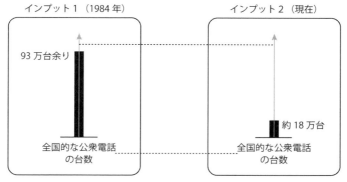

［図3－4］同一基準のスケール認定
（インプット間の点線＝共通要素）

　このように、2つの比較対象を認識した上で、それらの間に観察される同一基準のスケールを特定していくと、その次の段階では、いよいよ実際の比較を行っていくために、ブレンディングの認知プロセスが適用されていくことになります。この場合には、1984年の状況を蓄えたインプット1にある「全国的

な公衆電話の台数」に関わるスケールと、現在の状況を蓄えたインプット2にある「全国的な公衆電話の台数」に関わるスケールが、ブレンドへと持ち込まれることにより、この2つのスケールが合体して、ブレンド内では1つのスケールとして生まれ変わることになります（[図3-5] 参照）。ただし、この時点では、インプット1にあるスケールとインプット2にあるスケー

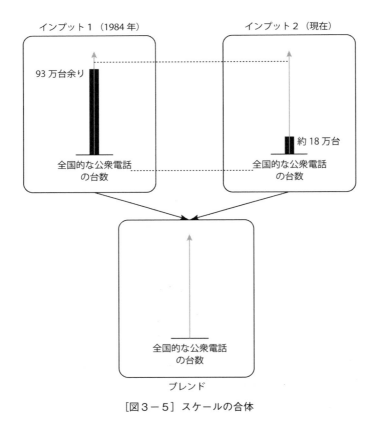

[図3-5] スケールの合体

ルが合体して、ただ単に「全国的な公衆電話の台数」を表示していくための1つのスケールになるというだけのことであり、その具体的な台数の数値はまだブレンドには持ち込まれていないと、ここでは考えてほしいと思います。

　ブレンドのレベルにおいて、このようなスケールの合体が行われると、その次の段階では、そのスケールに対して、「全国的な公衆電話の台数」に関わる具体的な数値が、インプットからブレンドへと持ち込まれていくことになります。つまり、ここでは、インプット1からは「93万台余り」という数値が、インプット2からは「約18万台」という数値が、ブレンドへと取り込まれることで、ブレンドに先程構築された1つのスケールの中に、2つの数値が同時に表示されるというスケール構造が仕上がってくることになります（[図3－6]参照）。

　このように、ブレンドの内部において、1つのスケール上に2つの数値が同時に表示されてくるようになると、この段階においてはじめて、物事を比較するということが実際に行えるようになってきます。この場合には、1984年時点での「93万台余り」という数値と現在の「約18万台」という数値を同一スケール上で比較していくことで、(1)の事例に示されてきているような「全盛期の5分の1しかない」「街角の公衆電話は…（中略）…激減している」といった捉え方（あるいは物事の見方）ができてくるようになります。

　ただ単に比較といっても、普段は無意識のうちに私たちは比較を行っているがために、以上示してきたような一連の認知プロセスを介して、比較文脈というものが構築されてきているという点は、ほとんど自覚することはできないかもしれません。

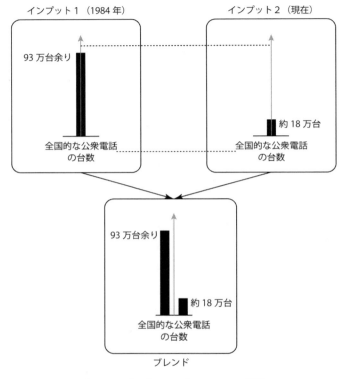

[図3−6] ブレンド内のスケール構造

　しかしながら、比較文脈が本質的にどのような認知プロセスを経て構築されてきているのかという点を、ここで示してきたような分解的な視点でもって捉えていくと、その根底にはブレンディングの認知プロセスが存在しているという事実が、より鮮明に見えてくるようになります。

第 3 章 ブレンディングの世界

時制解釈とブレンディング

　(1) の事例においては、比較文脈の構築にブレンディングの認知プロセスが関与しているという点を明らかにしてきましたが、この他にも、**時制**（tense）に関わる文脈を構築していく際にも、ブレンディングの認知プロセスが必要となってくる場合があるように思います。次に、このような時制とブレンディングの関係性を見ていく目的で、下記に挙げる (2) の事例について、ここで考えてみることにしましょう。

　(2) 最後の日本産トキだったキンが死んだのは２００３年だ。キンはその３５年前に捕獲され、佐渡の保護センターで飼育されてきた。

　　　　　　　　　　　（「余録」毎日新聞（朝刊）2016 年 6 月 3 日）

　まず、時制とは何かについて説明しておく必要がありそうですが、簡単に言えば、時制とは、過去（past）・現在（present）・未来（future）などといった時間的な位置関係のことを意味していると言えます（［図 3 － 7］参照）。例えば、下記の (3a) では、「去年の七月に」や「完成しました」という言語表現から一般に理解していくことができるように、この文は過去の事実について記述していると言うことができます。これに対して、(3b) では、「現在」という言語表現が使用されていることから、この文が現在の状況を記述しているということは、誰の目からも明らかなことでしょう。そして、(3c) においては、「来年の三月に」や「完成する予定です」などといった言語表現から判断すると、この文が未来の事柄について言及しているという点

101

が、見えてくることになります。

(3) a. A号館は去年の七月に完成しました。
　　b. B号館は現在建設中です。
　　c. C号館は来年の三月に完成する予定です。

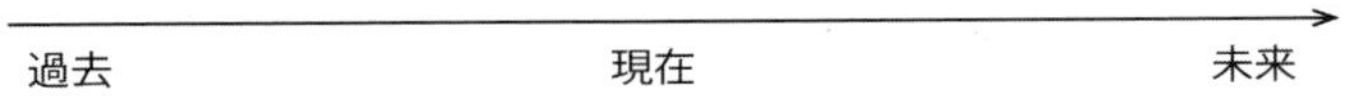

過去　　　　　　　　現在　　　　　　　　未来

[図３－７] 時制の基本構造

　このような時制の解釈を念頭においた上で、それでは、(2)の事例に話を戻して、この事例に含まれる時制の解釈について、考えてみることにしましょう。まず、「最後の日本産トキだったキンが死んだのは２００３年だ」という一文については、「だった」や「死んだ」という言語表現が登場してきていることから、過去の事実について述べている一文であると判断していくことができます（[図３－８] 参照）。次に、第二文の前半部「キンはその３５年前に捕獲され」については、「２００３年」の時点から見て、「その３５年前に」さかのぼっての事柄がここでは記述されていると考えていくことができるので、時制の観点から言うならば、過去のさらに過去を意味する「大過去」の事実として、ここでは解釈されていくことになります（[図３－８] 参照）。

第3章 ブレンディングの世界

［図3－8］(2)の時制解釈［点的な解釈］

そして最後に、第二文の後半部「佐渡の保護センターで飼育されてきた」については、「飼育されてきた」という言語表現から判断していくと、この場合には、例えば「２００３年」とか「その３５年前」とかという、過去のある一時点における出来事に言及しているというよりは、「その３５年前」から「２００３年」に至るまでの間にずっと行われ続けてきた過去の出来事について言及しているということの方が、より正確な捉え方であろうと思います。つまり、「２００３年」の出来事を記述した第一文と、「その３５年前」の出来事を記述した第二文の前半部においては、時系列上（または時間スケール上）の一時点のみを認識していく**点的な解釈**（punctual construal）が与えられているのに対して（［図3－8］参照）、第二文の後半部では、その時系列上における「その３５年前」から「２００３年」に至るまでの間すべてを認識していく**線的な解釈**（linear construal）が与えられてくる点に（［図3－9］参照）、その大きな違いを認めていくことができます。

［図3－9］(2)の時制解釈［線的な解釈］

103

ことばの認知プロセス

　一般に、第二文の後半部にあるような線的な時制解釈が必要となってくる場合には、その背後で、ブレンディングの認知プロセスが機能的に働いていると考えていくことができます。この場合、まず２つのインプットとして理解されるのが、「２００３年」の出来事と「その３５年前」の出来事であると言えます。つまり、「最後の日本産トキだったキンが死んだ」という過去の情報を蓄えた「２００３年」のインプット１と、「キンが捕獲された」という大過去の情報を蓄えた「その３５年前」のインプット２が、まず最初の段階で構築されてくることになります（［図３−10］参照）。

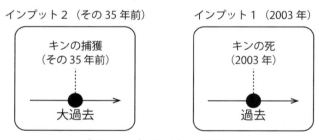

［図３−10］インプットの構築

　そして、この２つのインプットを前提とした上で、その次の段階においては、ブレンドの構築が始まっていくことになります。まず、ここでは、「同一基準のスケール」をブレンド内において設定していく必要があるので、この場合には、インプット１とインプット２に共通して観察されうる「時系列（または時間スケール）」を、そのままブレンドへと持ち込んでいくことで、ここでの「同一基準のスケール」は完成することになり

第3章 ブレンディングの世界

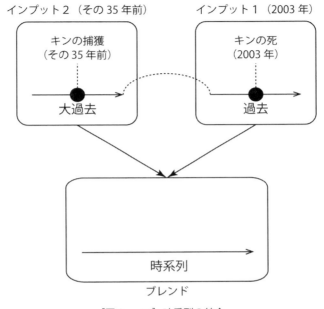

[図3-11] 時系列の統合
（インプット間の点線＝共通要素）

ます（[図3-11] 参照）。なお、この場合にインプット1とインプット2に存在している「時系列」は、ただ単に時間の流れを示しているだけというシンプルなものであり、基本的にはまったく同じものであると考えていくことができるので、ブレンドにおいては、双方の「時系列」がそのまま取り込まれて、単一のスケールに合併吸収されたと考えていけば、分かりやすいように思います。

ただし、このような形でブレンドに設定された「時系列」は、

この段階では、ただ単に時間の流れが表示されているに過ぎないものであると言えますので、その次の段階においては、インプットからさらなる情報を取り込んでいくことで、肉付けの作業が必要になってくるものと思われます。この場合には、具体的には、インプット1からは「2003年」に「キンが死んだ」という情報が、インプット2からは「その35年前」に「キンが捕獲された」という情報が、それぞれブレンドへと持ち込まれることで、その時系列上に各々の出来事が点として表示されていくことになります（[図3−12] 参照）。

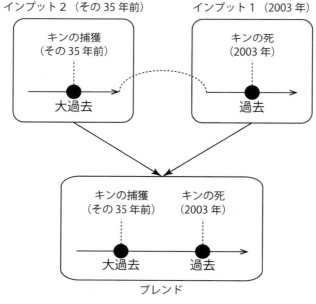

[図3−12] 時系列の肉付け（点的解釈）

そして、肉付けが施されたブレンド内の時系列を前提とした上で、第二文の後半部「佐渡の保護センターで飼育されてきた」の時制解釈が、この段階において、はじめてなされていくことになります。つまり、この場合には、先にも触れたように、その時系列上における「その３５年前」から「２００３年」に至るまでの期間を全体論的視点で捉えていく必要があるので、その結果として、その期間全体がここでは線的に解釈されてくることになります。これは、要するには、点的に解釈されて、双方が時間的に分離している「２００３年」と「その３５年前」が、この段階では線的に解釈し直されることで、双方の時間的位置を起点と終点として、その双方が時間的につながってくる、線的な時制解釈を生み出してきていると、ここでは理解していくことができます。これは、別の見方を与えていくならば、時系列上の「２００３年」と「その３５年前」が点的にプロファイルされていたところを、「その３５年前」から「２００３年」に至るまでのその期間全体にフォーカスを移し替えていくことで（このプロセスは一般にはプロファイル・シフティングと呼ばれています）、線的なプロファイルに作り変えていくのと、基本的には同じであると言うことができます（[図３−13] 参照）。一般に、このようにして構造化されていった結果としての時系列、つまり「その３５年前」から「２００３年」に至るまでの期間が線的にプロファイルされた状態の時系列が、まさに第二文の後半部「飼育されてきた」の時制解釈に対応していると、ここでは理解していくことができます。

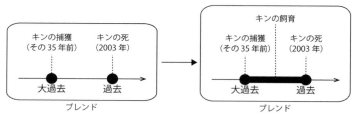

[図3−13] 時系列のプロファイル・シフティング
（点的プロファイル→線的プロファイル）

　このように、ブレンディングの認知プロセスは、時制の解釈を行っていく上でも、きわめて重要な働きを担うことができるという点が、以上の考察と分析から、見えてくるように思います。その認知プロセスそれ自体は、普段何気なくことばを使っている私たちにとっては、ほとんど自覚できるようなものではないかもしれませんが、ここで示したような緻密な考察と分析を与えていけば、その背後にブレンディングの認知プロセスが隠れているということは、明確に突き止めていくことが可能となります。

ユーモア解釈とブレンディング

　ブレンディングの認知プロセスは、ここまで示してきたような比較文脈の構築や時制の解釈などにおいて、必要となってくるだけではなく、下記の(4)に示されるような笑い話（特にユーモア文脈の形成）においても、その背後で、ブレンディングの認知プロセスが機能的に働いていると考えていくことができます。

第 3 章 ブレンディングの世界

(4) アジア某国の元大統領が、クリントン米大統領と会談したときの出来事である。元大統領が、英語で「ハウ・アー・ユー（ご機嫌いかが）」とあいさつするはずが、「フー・アー・ユー（あんた、だれ）」と言ってしまった。▼苦笑いした大統領は、ユーモアを交えて、「ヒラリーの夫です」とかわした。すると自分の間違いに気づかない元大統領は、事前に教えられた手順通りに、「ミー・ツー（私も）」と答えてしまう。▼平成１２年の日米首脳会談で、森喜朗首相とクリントン大統領との間であったやりとりとして、一部の週刊誌が報じて問題になった。アジアの首脳の英語べたをからかった、単なる笑い話である。

（「（産経抄）「トランプの方がましかもね…」たかがジョークされど」産経新聞（朝刊）2016 年 6 月 8 日）

　この事例では、森喜朗元首相にとっては、英語の挨拶に関わる会話の手順を、自信をもって、ただ単に覚えた通りに進めただけのことであったのが、最初の出だしを「フー・アー・ユー（あんた、だれ）」と勘違いして発言してしまって、そのミスにまったく気づくこともなく、その後の会話をそのまま元々の手順通りに進めていったがために、このような笑い話として世間に広まることになってしまいました。クリントン元大統領にとっても、いきなり「フー・アー・ユー（あんた、だれ）」と尋ねられてしまい、戸惑いもあったものと推測されますが、そこはクリントン元大統領も機転を利かせて、「ヒラリーの夫です」と答えていくわけです。ところが、森喜朗元首相の方はというと、その後も自信をもって、手順通りに「ミー・ツー（私も）」と

答えてしまい、そこで大笑いが生まれてくるというわけです。つまり、この場合、森喜朗元首相が「ミー・ツー（私も）」と答えてしまうと、それは「森喜朗元首相もヒラリーの夫です」ということを意味してくることになり、クリントン元大統領と森喜朗元首相の２人ともがヒラリーの夫であるということになると、ヒラリー氏が２人の夫をもっているという解釈になり、それがここでの「大爆笑」につながってきていると言うことができます。

　このようなユーモア解釈（またはユーモア文脈）を構築していく際にも、ブレンディングの認知プロセスは、その背後で重要な働きを担っていると、一般に考えていくことができます。まず、この場合に必要となってくるインプットとしては、次の２つのインプットを挙げることができます。１つは、森喜朗元首相の頭の中に埋め込まれた、英語の挨拶に関わる会話の手順です（［図３-14］左側参照）。つまり、森喜朗元首相が「ハウ・アー・ユー」と挨拶をすると、クリントン元大統領から「アイム・ファイン（I'm fine.）」などの返答があって、それに答えて、森喜朗元首相がさらに「ミー・ツー」と答えていくという、中学生向けの英語の教科書に出てくるような、ありきたりの手順が、ここでのインプット（つまりインプット１）には表示されることになります。これに対して、もう１つのインプット（つまりインプット２）には、森喜朗元首相とクリントン元大統領の間で実際に取り交わされた会話の一部が表示されることになります（［図３-14］右側参照）。つまり、この場合には、森喜朗元首相の口から勘違いして飛び出してきた「フー・アー・ユー」という発言を受けて、クリントン元大統領が「ヒラリー

第 3 章 ブレンディングの世界

の夫です」と機転を利かせて答えていくところまでの会話が、ここに表示されることになります。なお、「フー・アー・ユー」という問いに対して、「ヒラリーの夫です」と答えていくのは、意味内容の観点から見ても、特に論理的な矛盾は感じられないですので、この段階の会話まではなんとか成立していて、また、会話それ自体としてもこの2つの発話だけで十分に完結していると、ここでは見ていくことができます。

```
インプット1（会話の手順）
森喜朗元首相：　「ハウ・アー・ユー」
クリントン元大統領：「アイム・ファイン」
森喜朗元首相：　「ミー・ツー」
```

```
インプット2（実際の会話）
森喜朗元首相：　「フー・アー・ユー」
クリントン元大統領：「ヒラリーの夫です」
```

[図3－14] インプットの構築

　ところが、これに続く会話としては、その後に森喜朗元首相の口から「ミー・ツー」という発言が飛び出すことになり、ここから、完全なる論理的矛盾が始まっていくことになります。このような論理的矛盾を生み出していく認知プロセスというのが、まさにブレンディングの認知プロセスであると言うことができます。まず、この場合には、インプット1の会話手順とインプット2の実際の会話の間で、会話の順序を根拠とする対応関係が設定されることになります（[図3－15]参照）。つまり、インプット1内の森喜朗元首相の発話である「ハウ・アー・ユー」と、インプット2内の森喜朗元首相の発話である「フー・アー・ユー」が、森喜朗元首相による最初の発話であるという点を根拠として、その間に対応関係が結ばれることになります。と同

111

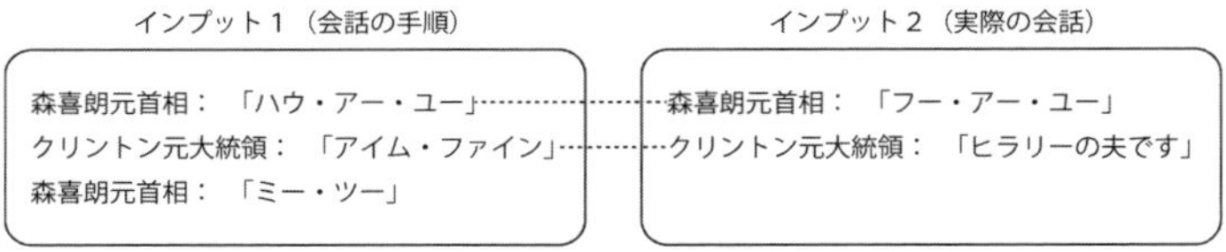

ことばの認知プロセス

```
インプット1（会話の手順）                    インプット2（実際の会話）
森喜朗元首相： 「ハウ・アー・ユー」……… 森喜朗元首相： 「フー・アー・ユー」
クリントン元大統領：「アイム・ファイン」……クリントン元大統領：「ヒラリーの夫です」
森喜朗元首相： 「ミー・ツー」
```

[図3-15] 対応関係の設定
（インプット間の点線＝対応関係）

時に、インプット1内のクリントン元大統領の発話である「アイム・ファイン」と、インプット2内のクリントン元大統領の発話である「ヒラリーの夫です」との間にも、対応関係が設定されることになります。この場合には、森喜朗元首相への返答として理解される、クリントン元大統領による最初の発話であるという点を根拠として、ここでの対応関係が築かれていくことになります。

このようなインプット間の対応関係が把握できてくると、その次の段階では、ブレンドの構築が始まっていくことになります（[図3-16]参照）。まず、この場合には、インプット2から、森喜朗元首相による「フー・アー・ユー」という問いに対して、クリントン元大統領が「ヒラリーの夫です」と答えたという会話の流れが、そのままブレンドへと持ち込まれることになります。そして、これと同時に、インプット1からは、森喜朗元首相による2つ目の発話である「ミー・ツー」も、ブレンドへと取り込まれていくことになります。ただし、この場合の取り込みにおいては、クリントン元大統領の「ヒラリーの夫です」という発話に対して返答する形で、森喜朗元首相の「ミー・ツー」という発話が取り込まれてくるという点に、ここでは注意する

第3章 ブレンディングの世界

必要があります。つまり、ブレンドにおいては、2つのインプットをベースとしながら、下記の (5) に示されるような会話の流れが構築されてくると考えると、ここでは分かりやすいのではないかと思います。

(5) ブレンド内の会話の流れ：
　　森喜朗元首相：　「フー・アー・ユー」
　　クリントン元大統領：　「ヒラリーの夫です」
　　森喜朗元首相：　「ミー・ツー」

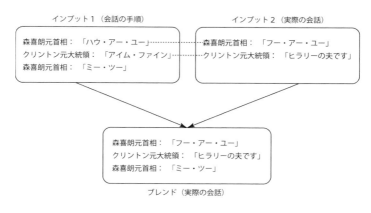

[図3－16] ブレンドの構築

このような形で、ブレンドが構築されてくると、ブレンドそれ自体には、インプット・レベルではまったく見られなかった新しい特徴が創発してくることになります。それは、先程から指摘しているように、「大爆笑」につながってくるということ

113

です。インプット1における会話の流れにおいては、笑いにつながるような要素は何ら見当たりませんし、またインプット2の会話の流れにおいても、ややコミカルな面はあるものの、その会話それ自体もそれで完結しており、これまた、大きな笑いにつながるような要素はほとんどないに等しいと言わざるを得ません。ところが、ブレンドにおいて、(5)のような会話の流れを構築していくと、そこからは、会話の完結をぶち壊してしまうような論理的な矛盾を根拠とする笑いが生じてくる、それも「大爆笑」につながるような笑いが生じてくることになります。その論理構造は、先程も提示したように、「フー・アー・ユー」→「ヒラリーの夫です」という会話の流れに続いて、森喜朗元首相が「ミー・ツー」と答えてしまったのが、ここでのポイント（つまり「大爆笑」の着火点）となってくるように思います。つまり、この「ミー・ツー」という発話から、森喜朗元首相もヒラリー氏の夫であるという解釈が成り立ってきて、結局のところ、クリントン元大統領も森喜朗元首相もヒラリー氏の夫である、つまり、ヒラリー氏は2人の夫をもっているという推論へと導かれることになり、ここでの「大爆笑」が形成されてくることになるのです。

このように考えてくると、(4)の笑い話に観察される「大爆笑」という効果は、［図3－14］に示された2つのインプットから、(5)に示された会話の流れを含んだブレンドを構築していくことで、はじめて創発させることが可能になってきているということが見えてくるように思います。つまり、このような「大爆笑」という効果を作り出していく、その発端となっているのが、ブレンディングの認知プロセスであり、この認知プロセスが十

分な形で機能してくると、(4)にあるような笑い話（またはユーモア）が、この世の中に生まれてくると、一般には理解していくことができます。

「ふたりで竜馬をやろうじゃないか」

「堀内孝雄 with 五木ひろし」名義で 2005 年に発表された楽曲に、「ふたりで竜馬をやろうじゃないか」というタイトルのヒット曲があります。この曲は、藤田まこと主演で、テレビ朝日系列の刑事ドラマとして絶大な人気を博した、『はぐれ刑事純情派』シリーズの最終作（ファイナル）にあたる第 18 シリーズの主題歌として発表されたものです。

この曲のタイトルである「ふたりで竜馬をやろうじゃないか」というフレーズをただ単に聞いただけで、そのまま字義通りに解釈していった場合には、いわゆる坂本竜馬は歴史上の人物であり、1 人の人物としてしか存在してこなかったものを、どうしてふたりでやることができるのかと、疑問を投げかけたくなるような気持ちに誘われてきてしまいます。しかしながら、このフレーズが意味していることは、誰の目から見ても明らかだと思いますが、そういう方向の解釈ということではありません。この場合の正しい解釈としては、(6)に提示したこの曲の歌詞（特にサビの繰り返しの部分）を見ればすぐに分かってくるように思います。つまり、今そこに 2 人の人物がいて、その 2 人の人物が坂本竜馬のように、時代を変えることにつながるような生き方を、今度生まれてくるであろう百年先に一緒にやろうじゃないかと、お互いに誘いかけると同時に、お互いに決意表明をしているといった感覚の解釈が、ここでの正確な解釈であ

ろうと考えられます。

(6) 堀内孝雄 with 五木ひろし
　「ふたりで竜馬をやろうじゃないか」
　（作詞：荒木とよひさ　作曲：杉本真人　編曲：川村栄二）
　　嗚呼　一点の雲もなく
　　男同士が　惚れたから
　　今度生れりゃ　百年先の
　　ふたりで竜馬を　やろうじゃないか
　　今度生れりゃ　時代を変える
　　ふたりで竜馬を　やろうじゃないか

　一般に、「ふたりで竜馬をやろうじゃないか」というフレーズが、上記に示したように、2人の人物のそれぞれが同時に坂本竜馬のような役割を果たしていくんだという決意的な内容として解釈される場合には、その背景で、ブレンディングの認知プロセスが関与していると考えていくことができます。この場合、いわゆる字義通りの現実世界では実現できそうにない事柄（つまりふたりで竜馬をやること）を、頭の中でシミュレートすることによって、このような解釈が現実的に生まれてきている点を考慮していけば、ブレンディングの認知プロセスがここでの解釈に大きな貢献を果たしていくことができるということが、より明確に見えてくるものと思われます。
　まず、この場合にインプットとして理解されてくるのは、現在に位置づけられる2人の人物を取り込んだインプット1と、歴史上の人物として把握されている坂本竜馬に関わる知識を取

第3章 ブレンディングの世界

り込んだインプット2の2つです（[図3-17] 参照）。このうち、インプット1内に配置される2人の人物については、具体的には、この楽曲を実際に歌う2人の人物がここでの2人の人物に対応してくることになるのですが、ここでは議論を分かりやすくする意味で、オリジナル歌手の堀内孝雄と五木ひろしがここでの2人の人物に対応しているものとして、これ以降の議論を進めていくことにしたいと思います。

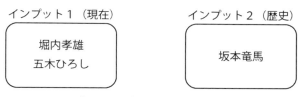

[図3-17] インプットの構築

このようにして2つのインプットが構築されてくると、その次の段階では、インプット間での対応関係が築かれていくことになります。この場合には、2人の人物として理解される堀内孝雄と五木ひろしのそれぞれが、歴史上の人物である坂本竜馬と、その対応関係を築いていくことが必要とされてきます（[図3-18] 参照）。しかしながら、インプット1には堀内孝雄と五木ひろしの2つの要素が位置づけられているのに対して、インプット2には坂本竜馬という1つの要素だけが位置づけられているという状況下においては、これまでのインプット間の対応関係に見られたような1対1の対応関係は、この場合には築けないということに気づいてくるかもしれません。一般に、このような場合には、堀内孝雄と五木ひろしの両者ともが、坂本

ことばの認知プロセス

竜馬の役割を担うという解釈が形成されてこなければいけませんので、この場合には［図3－18］に示されるように、2対1の対応関係が、ここでは築かれていくと理解していく必要があります。

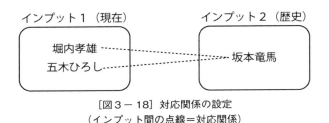

[図3－18] 対応関係の設定
（インプット間の点線＝対応関係）

そして、このような対応関係の設定が終わると、その次の段階では、ブレンドの構築が始まっていくことになります。この場合のブレンド構築においては、次の2つのプロセスが同時に進行していくことになるものと思われます（［図3－19］参照）。1つは、インプット1の堀内孝雄とインプット2の坂本竜馬が合体して、ブレンドに「坂本竜馬としての堀内孝雄」という1人の新しい人物が構築されてくることになります。そして、もう1つは、インプット1の五木ひろしとインプット2の坂本竜馬が合体して、ブレンドに「坂本竜馬としての五木ひろし」というもう1人の新しい人物が構築されてくることになります。つまり、インプット1に位置づけられた堀内孝雄と五木ひろしの両者ともが、インプット2の坂本竜馬とブレンドしていくことによって、「坂本竜馬としての堀内孝雄」と「坂本竜馬としての五木ひろし」という新たな2人の人物が、ブレンド内に構

築されてくることになるのです。

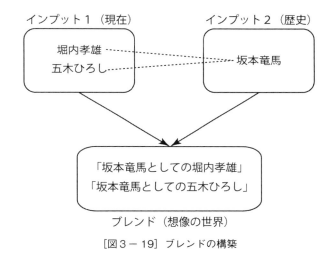

[図3-19] ブレンドの構築

　このような形でブレンドの構築がなされてくると、ブレンド内では、堀内孝雄と五木ひろしは、その両者ともが、坂本竜馬の心持ちで動くことが可能になってくることになります。もちろん、その心持ちでの動きは、これから百年経った後に生まれ変わった自分たちの姿をイメージしての動きであるので、これは現実的なものとして解釈されているわけではなく、あくまで単なる想像の世界として、頭の中だけで、そのイメージが膨らんできていると、ここでは理解していかなければなりません。一般に、このようなイメージの形成がなされてくるのは、まさにブレンディングの認知プロセスのなせる業であると、ここでは理解していくことができます。

おわりに

　本書では、認知言語学の研究領域において提示されてきた多種多様な認知プロセスの中から、特に重要性の高いと考えられる、プロファイリング／メタファー／ブレンディングと呼ばれる3つの認知プロセスについて、その基本的な考え方を紹介してきました。

　まず、第1章「プロファイリングの世界」では、プロファイリングが関与する多種多様な言語現象について紹介していくことで、ベースとプロファイルの概念化、前景化と背景化、プロファイル・シフティング、メトニミー、ズーム・インとズーム・アウトなどといった、プロファイリングに関わる様々な認知プロセスについて、明らかにしてきました。

　続いて、第2章「メタファーの世界」では、メタファーが関与する様々な言語現象について紹介していくことで、直喩と隠喩、擬人化と擬物化、「プロファイリングのメタファー」などといった、メタファーに関わる基本的な認知プロセスについて、明らかにしてきました。

そして、第3章「ブレンディングの世界」では、ブレンディングの認知プロセスが関与している様々な言語現象について紹介していくことで、比較文脈の構築、時制の解釈プロセス、ユーモア文脈の構築、想像世界の構築などにおいて、ブレンディングの認知プロセスが重要な働きを担ってくるという点を、明らかにしてきました。

　本書で紹介してきた認知プロセスとしては、以上のように、プロファイリング／メタファー／ブレンディングと称される3つの認知プロセスを挙げることができますが、この他にも、認知言語学の研究領域では、言語に反映される様々な認知プロセスについて、活発な議論が展開されていると言えます。本書では、認知言語学の研究内容に関わる、ほんの障りの部分しか提示することができませんでしたが、その基本的な考え方、ないしはその研究の方向性については、ある程度は理解していただけたものと思います。もしもこのような方向性の言語研究に興味・関心が湧いてきたという一般読者の方が、たとえ少数であったとしても、存在してきてもらえるとすれば、筆者にとっては、本書の執筆価値があったものと、素直に喜んでいくことができると思います。

　本書を読んで、認知言語学という学問領域（または認知言語学の研究内容）にさらに興味・関心が湧いてきたという読者の方は、次は、ぜひとも下記の入門書にチャレンジしてみてもらいたいと思います。本書では紹介しきれなかった認知言語学のさらなる世界が、豊かに広がっていると思います。

［読書案内］認知言語学の入門文献
(1) 初級：
　　谷口一美 (2006)『学びのエクササイズ 認知言語学』東京：
　　　ひつじ書房.
　　李在鎬 (2010)『認知言語学への誘い―意味と文法の世
　　　界―』東京：開拓社.
　　西村義樹・野矢茂樹 (2013)『言語学の教室―哲学者と学
　　　ぶ認知言語学―』（中公新書）東京：中央公論新社.
(2) 中級：
　　山梨正明 (1988)『比喩と理解』東京：東京大学出版会.
　　杉本孝司 (1998)『意味論２―認知意味論―』東京：くろ
　　　しお出版.
　　籾山洋介 (2002)『認知意味論のしくみ』東京：研究社.
　　吉村公宏 (2004)『はじめての認知言語学』東京：研究社.
　　山梨正明 (2007)『比喩と理解（新装版）』東京：東京大学
　　　出版会.
　　籾山洋介 (2009)『日本語表現で学ぶ入門からの認知言語
　　　学』東京：研究社.
　　高橋英光 (2010)『言葉のしくみ―認知言語学のはなし』
　　　北海道：北海道大学出版会.
　　籾山洋介 (2010)『認知言語学入門』東京：研究社.
　　籾山洋介 (2014)『日本語研究のための認知言語学』東京：
　　　研究社.
　　野村益寛 (2014)『ファンダメンタル認知言語学』東京：
　　　ひつじ書房.

(3) 上級:

ジョージ・レイコフ／マーク・ジョンソン［著］渡部昇一ほか［訳］(1986)『レトリックと人生』東京：大修館書店.

山梨正明 (1995)『認知文法論』東京：ひつじ書房.

河上誓作［編著］(1996)『認知言語学の基礎』東京:研究社.

F. ウンゲラー／H.-J. シュミット［著］池上嘉彦ほか［訳］(1998)『認知言語学入門』東京：大修館書店.

山梨正明 (2000)『認知言語学原理』東京：くろしお出版.

大堀壽夫 (2002)『認知言語学』東京：東京大学出版会.

辻幸夫［編］(2003)『認知言語学への招待』東京:研究社.

松本曜［編］(2003)『認知意味論』東京：研究社.

谷口一美 (2003)『認知意味論の新展開―メタファーとメトニミー―』東京：研究社.

山梨正明 (2004)『ことばの認知空間』東京：開拓社.

早瀬尚子・堀田優子 (2005)『認知文法の新展開―カテゴリー化と用法基盤モデル―』東京：研究社.

デイヴィッド・リー［著］宮浦国江［訳］(2006)『実例で学ぶ認知言語学』東京：大修館書店.

深田智・仲本康一郎 (2008)『概念化と意味の世界―認知意味論のアプローチ―』東京：研究社.

ジョン・R・テイラー［著］辻幸夫ほか［訳］(2008)『認知言語学のための14章（第三版）』東京：紀伊國屋書店.

山梨正明 (2009)『認知構文論―文法のゲシュタルト性―』東京：大修館書店.

尾谷昌則・二枝美津子 (2011)『構文ネットワークと文法―認知文法論のアプローチ―』東京：研究社.

山梨正明 (2012)『認知意味論研究』東京：研究社.

辻幸夫［編］(2013)『新編 認知言語学キーワード事典』東京：研究社.

森雄一・高橋英光［編著］(2013)『認知言語学―基礎から最前線へ―』東京：くろしお出版.

　最後に、本書を出版するにあたり、原稿を丁寧に読んで、有益なコメントを提供してくれた森藤庄平氏に、この場を借りて、感謝申し上げたいと思います。また、本書の出版に向けて多大なるご尽力を頂いた三修社の斎藤俊樹氏にも、心よりお礼を申し上げたいと思います。

参考文献

[第1章]

Lakoff, George, and Mark Johnson. (1980) *Metaphors We Live By*. Chicago: The University of Chicago Press.

Langacker, Ronald W. (1987) *Foundations of Cognitive Grammar, Vol.1: Theoretical Prerequisites*. Stanford: Stanford University Press.

Langacker, Ronald W. (1990) *Concept, Image, and Symbol: The Cognitive Basis of Grammar*. Berlin/New York: Mouton de Gruyter.

Langacker, Ronald W. (1991) *Foundations of Cognitive Grammar, Vol.2: Descriptive Application*. Stanford: Stanford University Press.

Langacker, Ronald W. (2000) *Grammar and Conceptualization*. Berlin/New York: Mouton de Gruyter.

Langacker, Ronald W. (2008) *Cognitive Grammar: A Basic Introduction*. Oxford: Oxford University Press.

Langacker, Ronald W. (2009) *Investigations in Cognitive Grammar*. Berlin/New York: Mouton de Gruyter.

Talmy, Leonard. (2000) *Toward a Cognitive Semantics, Volume 1: Concept Structuring Systems*. Cambridge, MA: MIT Press.

山梨正明 (1988)『比喩と理解』東京：東京大学出版会.

山梨正明 (1995)『認知文法論』東京：ひつじ書房.

山梨正明 (2000)『認知言語学原理』東京：くろしお出版.

山梨正明 (2004)『ことばの認知空間』東京：開拓社.

山梨正明 (2015)『修辞的表現論―認知と言葉の技巧―』東京：開拓社.

[第2章]

Lakoff, George. (1987) *Women, Fire, and Dangerous Things: What Categories Reveal about the Mind*. Chicago: The University of Chicago Press.

Lakoff, George, and Mark Johnson. (1980) *Metaphors We Live By*. Chicago: The University of Chicago Press.

Lakoff, George, and Mark Johnson. (1999) *Philosophy in the Flesh: The Embodied Mind and its Challenge to Western Thought*. New York: Basic Books.

山梨正明 (1988)『比喩と理解』東京：東京大学出版会.

[第3章]

Coulson, Seana. (2001) *Semantic Leaps: Frame-Shifting and Conceptual Blending in Meaning Construction*. Cambridge: Cambridge University Press.

Fauconnier, Gilles, and Mark Turner. (2002) *The Way We Think: Conceptual Blending and the Mind's Hidden Complexities.* New York: Basic Books.

Fauconnier, Gilles, and Mark Turner. (2006) "Mental Spaces: Conceptual Integration Networks." In: Dirk Geeraerts (ed.), *Cognitive Linguistics: Basic Readings*, pp. 303-371. Berlin/New York: Mouton de Gruyter.

Hougaard, Anders. (2005) "Conceptual Disintegration and Blending in Interactional Sequences: A Discussion of New Phenomena, Processes vs. Products, and Methodology." *Journal of Pragmatics* 37 (10): 1653-1685.

Yasuhara, Kazuya. (2012) *Conceptual Blending and Anaphoric Phenomena: A Cognitive Semantics Approach.* Tokyo: Kaitakusha.

[辞書]
新村出 [編] (2008)『広辞苑第六版』東京：岩波書店．

索　引

あ
暗喩 72

い
インプット 93
隠喩 72

か
概念主体 18

き
擬人化 79

擬物化 79
近接性 49

く
空間レベル 29

し
時間レベル 29
時系列 30
時制 101

す
ズーム・アウト 58

ズーム・イン 58
スケール 95

せ

前景 36
前景化 36
線的な解釈 103

そ

創発効果 93
ソース 71

た

ターゲット 71

ち

知識レベル 29
直喩 72

て

点的な解釈 103

に

認知言語学 9
認知図式 17
認知プロセス 10

は

背景 36
背景化 37

ふ

ブレンディング 91
ブレンド 93
プロファイリング 14
プロファイリングのメタファー 85
プロファイル 16
プロファイル・シフティング 44

へ

ベース 16

め

メタファー 69
メトニミー 50

ゆ

ユーモア 108

る

類似性認識 69

著者紹介

安原 和也（やすはら かずや）　名城大学准教授

1979年、岡山県生まれ。京都大学大学院人間・環境学研究科博士後期課程（言語科学講座）修了。博士（人間・環境学）。日本学術振興会特別研究員、京都大学高等教育研究開発推進機構特定外国語担当講師を経て、2013年4月より現職。専門は、認知言語学。主要著書に、『認知文法論序説』（共訳, 2011年, 研究社）、『大学英語教育の可能性』（共編著, 2012年, 丸善プラネット）、『Conceptual Blending and Anaphoric Phenomena: A Cognitive Semantics Approach』（2012年, 開拓社, 第47回市河賞受賞）などがある。

ことばの認知プロセス ―教養としての認知言語学入門―

2017 年 4 月 30 日　第 1 刷発行

著　者	安原和也
発行者	前田俊秀
発行所	株式会社三修社

　　　　　　　〒 150-0001　東京都渋谷区神宮前 2-2-22
　　　　　　　TEL 03-3405-4511　FAX 03-3405-4522
　　　　　　　振替 00190-9-72758
　　　　　　　http://www.sanshusha.co.jp/
　　　　　　　編集担当　斎藤俊樹

印刷製本 ――――― 株式会社平文社

©K. Yasuhara 2017 Printed in Japan
ISBN978-4-384-01241-5 C1080

カバーデザイン　やぶはなあきお

JCOPY 〈出版者著作権管理機構 委託出版物〉

本書の無断複製は著作権法上での例外を除き禁じられています。複製される場合は、そのつど事前に、出版者著作権管理機構（電話 03-3513-6969 FAX 03-3513-6979 e-mail: info@jcopy.or.jp）の許諾を得てください。